AF398860

edition **+ plus**

Mathias Voelchert

Paare im Wandel

Was Paare weiter trägt – Gedanken zu Werten

04

familylab
Schriftenreihe

Mathias Voelchert

Paare im Wandel

Was Paare weiter trägt – Gedanken zu Werten

*über Standpunkte, Trauer, Wut, Glück, Liebe, Zufall,
Wirklichkeit, vom freien Willen, Bewusstsein,
Sexualität, Ehe, Selbstwert, Demut, Ichwerdung,
Wenn die Beziehung stirbt.*

Copyright © by Mathias Voelchert
Verlagsredaktion: Mathias Voelchert GmbH
Umschlaggestaltung: Mathias Voelchert GmbH
Typografische Bearbeitung und Satz: Sead Mujić
Herstellung BoD – Books on Demand, Norderstedt
Printed in Germany
ISBN 978-3-935758-02-4

Dieses Buch ist auch als Hörbuch erhältlich,
gesprochen von Claus Vester ISBN 978-3-935758-04-8

Wie auch als eBook mit der ISBN 978-3-935758-03-1

edition + plus
Copyright für die deutsche Ausgabe 2014
© by Mathias Voelchert GmbH Verlag, München, edition + plus
1. Auflage 2014

Kontakt: mvg@mathias-voelchert.de
www.familylab.de
www.beziehungenimwandel.de

Inhalt

Vorwort 7

Was Paare weiter trägt –
Gedanken zu Werten in der Partnerschaft 9

Mehr als Worte 15
Standpunkte einnehmen 16
Von der Trauer 20
Von der Wut 24
Vom Glück 27
Von der Liebe 30
Vom Zufall 36
Von der Wirklichkeit 38
Vom freien Willen 45
Vom Bewusstsein 52
Von der Sexualität 54
Was ich tun kan 59
Von der Ehe 61
Vom Selbstwert 65
Von der Demut 68
Ichwerdung 70
Was wirklich zählt 71

Wenn die Beziehung stirbt 74

Was »Paare im Wandel« kann und was nicht 86
Hinweis und Haftungsausschluss 88
Buchhinweise, Internetadressen 90

*„Wenn ich Nein sage
zu meiner gegenwärtigen Situation,
wenn ich nicht mehr mitfliesse,
dann beginnt Trauma".*

Fred Gallo

Vorwort

'Paare im Wandel' ist entstanden aus der Erkenntnis und den Erfahrungen, dass nur die, die Beziehung haben, und diese verändern wollen, wirklich etwas tun können. Menschen zu ermuntern ihre Partnerschaft als ein lebenslanges Experiment zu sehen, ist ein Anliegen von 'Paare im Wandel'.

Beratung, Therapie haftet leicht der Beigeschmack des Mangels an. Als würde uns etwas fehlen, als wären wir nicht gut genug, so wie wir sind. Als wüssten es Lebensberater und Experten besser als wir selbst. Dann geht der Ratsuchende in eine kindlich-bedürftige Haltung und der Ratgebende in eine elterlich-besserwissende Haltung. Keine gute Ausgangsbasis um selbst die Regie im eigenen Leben, soweit möglich, zu übernehmen.

Andererseits führt dieser Selbstschutz vor Reflexion, den sich manche auferlegen, nur zu mehr vom selben. Sich vernünftigerweise Rat zu holen, wenn wir im Zweifel sind, ist angemessen und ein intelligenter Umgang mit unseren Unsicherheiten. Paare sind heute in vieler Hinsicht echte Pioniere, mit denen Fachleute oft nicht Schritt halten können. So geht es in Partnerschaften nicht darum sich »richtig« zu verhalten. Es geht darum, dieser Beziehung Sinn zu entlocken! Was dieser Sinn sein kann, das sollten beide Partner miteinander erforschen und aushandeln.

Dieser Essay 'Paare im Wandel' bezieht sich auf

den Moment an dem wir meinen die Liebe wäre aus unserer Beziehung gewichen. Diese Liebe hat sich verändert, sie ist nicht mehr oberflächlich. Sicherlich ist sie keine verliebte Liebe mehr. Fast hat sie sich einer Arbeitsbeziehung genähert. Sie ist gewöhnlich geworden. Meine Partnerin ist - nicht mehr ganz - die schönste Frau der Welt, als die ich sie sah. Diese Liebe ist gegangen. Keiner konnte sie halten. Gewichen einem klareren, tieferen Blick.

Bekommen haben wir eine normale Ehe, Beziehung, eine normale Liebe. Manchen ist das nicht genug. Sie suchen im Neuen, das Gewesene. Die vergangene Liebe. Gleichwohl wissen sie, dass es nicht lange dauern wird, bis sie wieder am Anfang dieser Bewegung ankommen. Ist es nötig diese Erfahrungen zu werten? Mit festen Glaubenssätzen zu erdrosseln? Hilft es mit fundamentalistischer Grundsätzlichkeit einen Halt vorzugaukeln, den es so gar nicht für alle gibt?

Wir neigen dazu in Gegensätzen statt in Alternativen zu denken. 'Paare im Wandel' wird Alternativen aufzeigen, entscheiden was für Sie passt, werden Sie selbst.

Mathias Voelchert

Was Paare weiter trägt – Gedanken zu Werten in der Partnerschaft

Wir brauchen neue Wertmaßstäbe die den veränderten Lebensvorstellungen in unseren Beziehungen entsprechen. Das absolute, eheliche Versprechen, »bis dass der Tod uns scheidet« bedeutet für viele heute mehr Bedrohung als ein Versprechen. Wobei es vielleicht eher eine Absichtserklärung als ein Versprechen sein könnte.

Da wir keine brauchbaren Rollenmodelle, für Paarbeziehung und Elternschaft, mehr vorfinden, befinden wir uns in einer Experimentierphase. Ein aktueller Zwischenstand dieses Experiments lautet, jedes Paar muss selbst seine individuellen Spielregeln aushandeln und festlegen. Ein anderer Lösungsversuch lautet, zurück zu alten Werten - wir halten uns an das, was schon in den vorherigen Generationen - eher schlecht als recht - funktioniert hat.

Paare sind heute in vieler Hinsicht echte Pioniere, mit denen Experten oft nicht mehr Schritt halten können. Zu schnell verändern sich die Bezüge: War vor einer Generation noch ein allein erziehender Elternteil ein soziales Unglück, besteht heute die Hälfte einer Schulklasse aus Alleinerziehenden. Das stellt große Anforderungen z.B. an Lehrer und Schulorganisationen.

Deine, meine und vielleicht unsere Kinder, stellen völlig neue Bedürfnisse dar, die mit dem Handwerkszeug der traditionellen Kernfamilie nicht mehr 'behandelt' werden können. Wenn wir uns dieses Handwerkszeug näher betrachten, könnten wir auf die Idee kommen, dass es eher ein Glücksfall ist sich um Neues bemühen zu müssen, als ein Trauerfall.

In großen Schritten steuern wir auf die Ganztagsbetreuung unserer Kinder zu. Unsere Forderung nach Vereinbarkeit von Familie und Beruf treibt diese Bewegung unaufhörlich voran. Können wir es uns leisten Frauen hervorragend auszubilden und sie dann vor dem Kochtopf, zu hause, intellektuell verhungern zu lassen? Nach dem Motto 'Na Schatz, wie war dein Tag auf dem Sofa heute'?

Oder ringen wir uns dazu durch, zu der liebevollen und wertvollen Zeit die Eltern mit ihren Kindern haben können, qualifizierte Zeit mit pädagogisch gebildeten Menschen hinzuzufügen. Damit werden beide, professionelle Pädagogik und Elternfürsorge einen wertvollen Platz bekommen. Damit werden in Erziehungsnot geratene Familien unkomplizierte und entlastende Unterstützung bekommen, ohne den Stempel der Unfähigkeit von einem System verpasst zu bekommen, das selbst nicht mehr weiter weiß.

Unsicherheit in Fragen der Beziehungen von Partnern und Kindern sind typisch für unsere Zeit. Ich betrachte es als eine Stärke und Qualität mit Unsicherheiten umgehen zu lernen und sie nicht unter den

Tisch zu kehren nach dem Motto: 'Wir machen das so, wie wir es immer gemacht haben'. Das führt zu Verunsicherung. Fehlende neue Werte müssen erst ausgehandelt werden. Veränderte Werte lassen sich nicht im Hau-Ruck-Verfahren einführen. Und einiges von dem was wir schon haben ist gut und wertvoll. Gut genug um übernommen zu werden.

Die Zeiten in denen alle 'wussten' was »richtig« und »falsch« ist, gehen langsam zu Ende. Es gibt, in aller Welt, sehr unterschiedliche Wertvorstellungen und Vereinbarungen wie Zusammenleben stattfindet. Als Beispiel die Besuchsehen der Mosu in China. (Mehr dazu in einer der nächsten Ausgaben)

Dabei scheint wesentlich zu sein, überhaupt über Werte verfügen zu können. Sie zu besitzen und mitgestalten zu können. Und sich nicht als Sklave dieser Werte fühlen zu müssen, ihnen ausgeliefert zu sein, sondern das ständige Recht zu haben die eigenen Werte mitgestalten zu dürfen.

Artikel 1 - der UN Menschenrechtscharta
Alle Menschen sind frei und gleich an Würde und Rechten geboren. Sie sind mit Vernunft und Gewissen begabt und sollen einander im Geiste der Brüderlichkeit begegnen.

Wertvorstellungen zu besitzen, daran zu glauben und für sie einzutreten wird ein wesentlicher Bestandteil unserer zukünftigen Lebensqualität werden. Und ich füge hinzu: Diese Werte dürfen niemals wichtiger sein, als der Mensch der sie lebt. Menschen sind wichtiger als jede Ideologie, auch wenn die menschliche Lebenszeit oft wesentlich kürzer ist als die von Menschen verachtenden Ideologien.

Ehen werden nicht mehr aus gesellschaftlicher Notwendigkeit geschlossen, sondern als persönliche Wahl betrachtet. Unterdrückung, Unmündigkeit, Misshandlung in Partnerschaften, hat in unserer europäischen Kultur keinen Platz mehr. Und – wir sind zunehmend nicht mehr bereit diese Werte zur Disposition zu stellen.

Bei diesem 'Kehraus alter Werte' könnte Sinnvolles zu Bruch gehen. Dazu gehört, meiner Meinung nach, der Zusammenhalt in Familie, Ehe, Partnerschaft. Der Zusammenhalt von Eltern, auch wenn sie nicht mehr Partner sind, wie in »Trennung in Liebe« beschrieben. Der Zusammenhalt von Vater und Sohn, von Mutter und Tochter. Der Zusammenhalt von Alten und Jungen einer Sippe, weil sie von gleicher Abstammung sind.

Auf den folgenden Seiten werden manchmal andere Standpunkte, zu den üblichen, vertrauten Sichtweisen eingenommen. Sinn und Zweck ist, das Steckenbleiben in eingefahrenen Sicht-weisen zu lösen. Neue Standpunkte anzusprechen, neue Sicht, vielleicht Einsicht, einzuneh-men.

Es geht nicht darum, solche Ansichten zu teilen oder zu übernehmen. Es geht nicht darum einzuteilen in richtig oder falsch! Es geht darum, wieder zu lernen, anderes Denken zu respektieren und zu achten, sich selbst damit zu achten und im zweiten Schritt damit auch den Partner zu achten.

Die Themen sind: Trauer, Wut, Naivität, Glück, Liebe, Standpunkte, Zufall, Wirklichkeit, freier Wille, Bewusstsein, Sexualität, Ehe, Selbstwert, Wenn die Beziehung stirbt. – Wir tun nur so als ob alles so ist, wie wir es sehen. Da keiner widerspricht... Und doch könnte das genaue Gegenteil auch Bestand haben.

»Was auch immer wahrgenommen wird, wird auf die Weise des Wahrnehmenden wahr genommen.«

Thomas von Aquin

»Hinter dem Verhalten eines Subjekts steht der Sinn, den es in sein Verhalten hineinlegt.«

Max Weber

Erkenntnisse der Hirnforschung und Psychologie gehen davon aus, dass sich der Mensch aktiv und gestaltend mit der Umwelt auseinander setzt. Das bedeutet, dass unser Menschen-bild Veränderbarkeit als zentrales Merkmal enthält. Fragt sich aber, was Veränderbarkeit überhaupt ist.

»In der Denkpsychologie unterscheidet man zwei Prozesse, konvergentes und divergentes Denken. Das konvergente Denken geht schrittweise, logisch geordnet und unter permanenter bewusster Kontrolle vor sich. Das divergente Denken ist demgegenüber nur teilweise bewusst, die Einzelschritte sind oft nicht erkennbar. Lösungen stellen sich plötzlich ein, ohne dass man weiß, wie sie zustande kamen. Diese zweite Form des Denkens bezeichnet man landläufig als Veränderung durch Kreativität.« *(Verschwinden der Kreativität* von Prof. Rolf Oerter und Prof. Heinz Mandl, Institut für Pädagogische Psychologie der LMU, SZ 26.1.2006)*

Es soll kein Streit über richtige und falsche Standpunkte vom Zaun gebrochen werden. Es soll verdeutlicht werden, dass sowohl der eine als auch der andere Gesichtspunkt vertretbar wäre, wenn wir die Freiheit oder den Zwang hätten, das Problem aus der anderen Sicht zu sehen. Ideologien und geschlossene Wertewelten funktionieren nur, solange ihre Anhänger die Bereitschaft haben sich den Gurus der Macht zu unterwerfen. Die Unterwerfung der Willenlosen ist nur solange möglich, solange sie keine Vergleichsmöglichkeiten und keine Bildung bekommen. Genau das ändert sich in diesem Jahrhundert, weltweit.

»Das Leben ist nicht so,
wie Sie es gerne hätten,
es ist so, wie es ist.

Entscheidend ist,
wie Sie damit fertig werden.«

Virginia Satir

Wir anderen

Wir sprechen nicht die gleiche Sprache,
Doch unsere Träume sind sich ähnlich,

Wir gleichen uns nicht sehr in Gesicht und Gestalt
Und ernten doch alle, was wir säen oder gesät haben.

Wir gehen alle verschiedene Wege,
Doch in unserem Anfang und unserem Ende
Gleichen wir uns von Grund auf.

Abendland

Herr gib', dass ich Liebe bringe, wo Hass ist,
Dass ich verzeihe, wo Schuld ist,
Vereine, wo Zwietracht herrscht.

Nicht um getröstet zu werden,
sondern um zu trösten.
Nicht um verstanden zu werden,
sondern um zu verstehen.
Nicht um geliebt zu werden,
sondern um zu lieben.
Nur dies ist wichtig, denn da wir geben, empfangen wir,

Da wir uns selbst vergessen, finden wir.
Da wir verzeihen, erhalten wir Vergebung.
Da wir sterben, gehen wir in das neue Leben.

Abendland, nach einem Jesuitengebet

Standpunkte einnehmen

»Nichts ist wahr, was nicht auch gelogen wäre.
Und nichts ist gelogen, was nicht auch wahr wäre.«

Hubert von Goisern, CD FÖN, Die Stråss'n

Jeder Grenzsetzung haftet etwas Willkürliches an. Standpunkte einnehmen heißt zuerst, sich selbst klar werden, wo man steht. Halt suchen, Grund finden, Begründungen finden, für das, was ich für wahr halte. Standpunkte einnehmen heißt, angreifbar werden.

Jede Beschreibung eines Standpunktes bringt die Sicherheit oder Unsicherheit mit sich, dass das genaue Gegenteil dieses Standpunktes auch richtig sein kann. Es ist eine Standpunktfrage. Das Klammern an die Unterscheidung von richtig und falsch, und deren Bewerten, führt zum Konflikt.

Es gibt für uns richtig und falsch. Es sind Teilungen eines Zustandes in z. B. gut und böse. Es lohnt sich zu erkennen, dass wir diese Bewertung herbeiführen. Gut und böse sind nicht absolut. Es sind Wertungen von unterschiedlichen Standpunkten aus betrachtet. Erinnern Sie sich an den Film: 'Club der toten Dichter': »Stell' dich auf die Schulbank, um deinen Blickwinkel zu verändern.«

Oder liegt es am Standpunkt selbst? Wenn ich Standpunkte verteidige, bin ich davon abhängig, dass diese richtig sind bis Überzeugungen, bessere Argumente, meinen Standpunkt verändern. Wenn ich so handle, werden Standpunkte veränderbar und nicht starr. Dann bin ich standhaft und doch biegsam. Muss ich aus Gründen der Selbstbehauptung Standpunkte wider besseres Wissen einnehmen, ist Auflösung die Folge.

Wir kommen nicht umhin, in Beziehungen, im Geschäftsleben, in der Erziehung der Kinder, Standpunkte einzunehmen und sie entschieden zu verteidigen. Das bedingt, dass wir Fehler machen bzw. »falsche« Standpunkte einnehmen. Nur solange wir auch an der offensichtlich falschen Lösung oder dem falschen Standpunkt festhalten, stehen wir unter Druck.

Was könnte ein Wert sein, ein Standpunkt, der als 'richtig' als Allgemeinverbindlich angesehen werden kann? Es wäre ein Wert der allen Beteiligten gerecht wird, keinem schadet und jedem, mehr oder weniger nützt. Was als vorübergehend richtiger Wert angesehen wird müsste zwischen den Beteiligten ausgehandelt werden.

Wir nehmen Standpunkte ein, um Erfahrung zu sammeln. Wir sind nicht dieser Standpunkt, wir sind nicht die Landkarte, wir sind nicht das Gefäß, in dem Wasser ist. Wir sind die Persönlichkeiten, die Standpunkte einnehmen und verändern können. Wir sind das Land, nicht das Abbild, die Landkarte. Wir sind eher das Wasser, das selbst keine Form hat, sich aber jeder Form anpassen kann.

Zum Thema Trennung oder Zusammenbleiben, in Partnerschaften, folgender Standpunkt: Das Zusammenbleiben und das Trennen sind gleichwertig. Die Partner können sich aus den sie belastenden Themen, Situationen, nur lösen, wenn sie sich damit auseinandersetzen. Auf eine gute Weise, ohne Schuldzuweisung und freiwilligen Schuldübernahmen.

Egal, ob sie getrennt sind oder beisammen bleiben. Die ungelösten Themen werden sich wieder und wieder melden. Trennung könnte die Illusion mit sich bringen, dass die ungelösten Situationen damit erledigt sind. Sie sind es nicht. Sie kommen in anderer Verpackung wieder auf mich zu. Weil sie mit mir in Resonanz sind.

Wer verzeiht macht sich unabhängig, wer nachträgt, bleibt an den anderen gebunden.

Oftmals haben Menschen in Partnerschaften, Ehen keine Wahl, zu entscheiden, ob sie zusammen bleiben wollen oder nicht, da sich ein Partner verliebt und dann geht. Dann ist es nicht die »Schuld« des oder der Neuen. Dann ist es nicht die Schuld der Menschen in der Partnerschaft, dass sie nicht beide etwas gegen die drohende Trennung getan haben. Vielleicht war die Kraft für die gemeinsame Zukunft einfach aufgebraucht. Vielleicht hat der ehemalige Partner einen besonders wichtigen Menschen, für sein Leben, getroffen.

Das anzuerkennen fällt schwer. In sentimentalen Momenten denken wir, »Ach, vielleicht hätte ich doch bleiben sollen.« »Ach, hätte ich doch damals eingelenkt, wäre sie geblieben...« Dieses Denken hat nichts mit der früheren Beziehungsrealität zu tun. Es ist ein Rückblick, der außer Acht lässt, wie es damals war. Was sich vielleicht alles aufgestaut hatte, was unausge-sprochen war, was zugefügt, ausgehalten wurde. Es ist das Denken »als ob« ich, wir, eine Wahl gehabt hätten. Das ist eine Illusion.

Unsere Schwierigkeit, und unsere Chance, ist das Fehlen von fehlerfreien Konzepten, Methoden die uns unter allen Umständen zum Erfolg, einer gelungenen Partnerschaft oder erfolgreichen Erziehung unserer Kinder, führen. Menschen sind zu verschieden und unsere Beziehungen untereinander zu differenziert. Was für ein Glück!

Damit misslingen die immer wieder auftauchenden Allmachtphantasien von Ideologen und solchen die es werden wollen! So gibt es keine philosophische, psychologische oder pädagogische Grundlage die ein generelles Modell allen anderen überlegen erscheinen lassen würde. Zu unserem Glück, können wir das, was wir als gültig für uns erachten, immer wieder neu, miteinander, aushandeln. Dazu brauchen wir Gesprächsbereitschaft und Augenhöhe.

Von der Trauer

Die Paarbeziehung ändert sich ständig. Damit verändert sie uns auch ständig. Wenn wir mit dieser Veränderung nicht mehr mitgehen können oder ein anderes Tempo wünschen, ist Trennung manchmal die Folge. Dabei erleben wir Trennung, Scheidung, als einen kleinen Tod. Es stirbt die Beziehung wie sie war. Es stirbt in meinem Außen und in meinem Innen. Es sterben Wünsche, Hoffnungen, Träume, Illusionen. Leider wird dann, oft genug, über Äußerliches gestritten - wo es doch im Eigentlichen um Inneres ginge.

Nächte allein, Tage allein, Zukunft allein? Einsamkeit, vielleicht begrabene Hoffnungen? Was zuerst bleibt, ist Trauer über vertanes Glück, eigene Fehler, eigene Dummheiten. Die Lehre der Trauer ist hart. Wenn ich mich meiner Trauer stelle und spüre was da weh tut, beginne ich irgendwann wieder, mit Hoffnung und Kraft, mein Leben zu nehmen. Mit allem was dazugehört. Mit meinen Fehlern und denen der anderen.

Unser Verstand lässt uns da im Stich, er hat oft nur noch Schuldzuweisungen »in petto«. Es ist unbegreiflich, auf diesen Menschen verzichten zu müssen, unbegreiflich, was mit mir geschieht.

Das Sterben der Beziehung, wie sie war, ist Voraussetzung für Neues. Wer lernt, Geliebtes herzugeben, um Vergangenes zu trauern, Gewesenes zu würdigen, ohne daran zu zerbrechen, schöpft daraus die Kraft, einen neuen Anfang zu wagen.

Trauer die traut. Wenn ich bereit bin, den getrennten Menschen zu lassen und selbst neu anzufangen, dann darf der Schmerz groß, aber auch in angemessener Zeit vorbei sein. Beim Tod eines nahen Menschen, haben wir uns früher ein Jahr Zeit genommen zu trauern. Dann geh ich in mein »neues« Leben und nehme es voll an.

Es ist meine Aufgabe, mich meiner Trauer um die getrennte Beziehung zu stellen und so heil zu werden. Um die Sonne wieder zu sehen, um die Kraft in meinem Herzen wieder spüren zu können. Nicht um zuzudecken, sondern um aufzudecken, was kaputt war. Eben um heil zu werden.

Um wieder JA zum Leben und zu mir sagen zu können. Um den Mut zu finden, wieder nach vorne und nicht mehr nur zurück zu schauen, anzuerkennen, dass das Leben nie mehr so sein wird, wie es war.

In mir und da draußen steckt noch eine Menge Leben, die darauf wartet gelebt zu werden. In dem ich mir und den anderen verzeihe, was war, werde ich frei. Frei dafür, neue Aufgaben zu beginnen.

»Der Mensch leidet an der Welt. Aber er macht auch etwas aus diesem Leid. Das Leiden spornt ihn an. Traurigkeit darf niemals eine Entschuldigung für Untätigkeit sein.«

Der griechische Philosoph Theophrast, ca. 300 v. Chr.

Wir müssen lernen, unsere Trauer heraus zu lassen. Heilung für die tiefen Schmerzen der Trauer bei Tod oder Trennung sind unsere Tränen. Unser Weinen erkennt den Schmerz an und schwemmt die Last weg. Indem wir uns unsere Tränen erlauben, heilen wir unsere Trauer. Wir sehen den Regen nur gegen Dunkles fallen. Unsere Trauer braucht Zeit zur Heilung, die wir uns selbst nehmen müssen.

Der Arzt Rüdiger Dahlke sagt »Die Trauer sitzt in der Leber«. Die Leber, die den Saft für die Galle produziert, die uns gern überläuft.« Er empfiehlt Leberwickel als hilfreiches »Trauermittel«, um mit Trauer umzugehen. Gleichzeitig sagt er: »Aber Leberwickel sind nicht ›sexy‹, um in unserer Zeit zu bestehen.«

Bert Hellinger teilt Trauer in primäre Trauer und sekundäre Trauer: »Primäre Trauer ist zum Beispiel ein ganz heftiger Trennungsschmerz. Wenn sich jemand diesem Schmerz überlässt, dann ist die Trauer schnell vorbei und dann ist man gelöst und kann wieder neu beginnen. Die sekundäre Trauer zeigt sich z. B. als Selbstmitleid. Dieses Gefühl kann ein ganzes Leben dauern. Diese Trauer trennt nicht. Sie ist Ersatz für primäre Trauer.«

Stephen Wolinsky in Das Tao des Chaos: »Eine plötzliche Scheidung nach vielen Jahren Ehe ist ein schwerer Schock und trägt Trauer in sich. Trauer ist ein biologischer Prozess, kein psychologischer. In diesem Sinn müssen Trauer und Schock erst behandelt werden, bevor sie (die Patientin) in ihrem Leben weitere Entscheidungen treffen kann.«

Das Geheimnis der Ruhe, Gelassenheit, Heiterkeit, Herzenswärme und Kraft, die Menschen ausströmen, die ihre Trauer überwunden haben, besteht darin, dass sie ihr Leben angenommen haben, wie es ist. Sie erleben und spüren bewusst, und spüren, dass sie auf Liebe nicht verzichten müssen.

Von der Wut

Wut ist ein guter Brennstoff, wenn er gleich angezündet wird. Wut will gehört werden. Wut muss gleich raus. Sonst erzeugt Wut Druck und dann Depression. Wut ist ein guter Wegweiser. Sie zeigt uns, wohin wir gerne gehen würden, es uns aber (noch) nicht zutrauen.

»Die Wut bewahrt die Angst davor, gesehen zu werden.«

Stephen Wolinsky, *Das Tao des Chaos*, Verlag Alf Lüchow

Wut passt, wenn sie auf das wütend machende Ereignis folgt. Diese Wut erlischt mit der Reaktion darauf. Diese Wut tut gut und wird vom anderen akzeptiert. Wütende Kinder drücken oft die Wut aus, die ihre Eltern äußern sollten.

Bert Hellinger schreibt über Wut in 'Ordnungen der Liebe': »Ich werde wütend und böse, weil ich bemerke, dass ich nicht genommen habe, was ich hätte nehmen können oder müssen. Statt dass ich mich durchsetze und mir nehme und hole was mir fehlt, werde ich auf die Personen wütend und böse, von denen ich nicht genommen oder gefordert oder erbeten habe, es hätte aber tun müssen.«

Hellinger weiter, »Wut ist auch Ersatz für eigenes Handeln. Ich bin einer Person böse, weil ich ihr etwas angetan habe, es aber nicht zugeben will. Diese Wut erlaubt mir, untätig zu bleiben. So gibt es die übernommene Wut: Wenn zum Beispiel die Mutter auf den Vater böse ist, aber ihre Wut unterdrückt, so wird ein Kind auf ihn böse. Oft wird Wut auch verschoben: Dann richtet eine Tochter die von der Mutter übernommene Wut auf den Vater nicht etwa auf ihn, sondern auf jemand, dem sie sich eher gewachsen fühlt, zum Beispiel auf den eignen Mann.«

In *Zweierlei Glück* schreibt Hellinger: »Wut ist auch oft Ersatz für Bitten in Beziehungen. Du hättest doch sehen müssen, dass ich... Er hätte nur zu bitten brauchen. Das ist Ersatz für Handeln. Leiden ist oft ein Sekundärgefühl und ein Ersatz für Handeln.«

Wut kann auch die kindliche Art sein, mit Trauer über einen früh gegangenen Elternteil umzugehen. Statt zu trauern kommt dieser Mensch als Erwachsener nur an seine Wut heran, nicht an tiefere Gefühle.

Die Wut auf den Partner bei Trennungen ist auch der nicht zugelassene Schmerz über die Trennung selbst. Schmerz, dass der Lebensentwurf nicht so gelungen ist, wie man es gewünscht, erträumt, erwartet hatte. Trauer, es nicht geschafft zu haben, wie es »geplant« war.

Trauer beider Partner über das Ende der Beziehung ist eine Grundlage für eine ausgeglichene Trennung. Die Tränen der Erkenntnis, die sich beide Partner schenken, über das Ende der Beziehung drücken den großen Schmerz aus, dass es vorbei ist.

Erlauben Sie sich beide, diesen tiefen Schmerz zu spüren. Weinen Sie beide, wenn es geht, zusammen. Suchen Sie nicht nach irgendeiner Schuld, beim anderen oder bei sich. Sie werden immer Schuld zur Genüge finden. Das führt nicht weiter, nur im Kreis herum. Nehmen Sie den Trennungsschmerz an. Diese Annahme des Schmerzes befreit.

Vom Glück

»Der Mensch sucht nach Glück und findet allzu oft nur Befriedigung. Aber ist es das, was er wirklich gesucht hat? Hält er das irrtümlicherweise für Glück? Bemerkt er, dass es einen großen Unterschied zwischen Glück und Befriedigung gibt? Ist es überhaupt möglich nach Glück zu suchen? Wir können sicher in vielen Dingen Befriedigung finden, aber können wir auch wirkliches Glück finden? Wenn wir über das Glück nachdenken, dann erkennen wir, dass es nur derivativ entsteht, dass es sich also von irgendetwas herleiten muss. Glück ist die Nachwirkung von etwas anderem. Es ist mit dem Phänomen Liebe vergleichbar. Wir können Liebe nicht als Liebe an sich sehen oder spüren, sie erfordert stets ein Objekt. So ist auch Glück die Nachwirkung oder das Nebenprodukt einer anderen Aktivität. Bevor wir also unsere Suche fortsetzen, müssen wir gründlich und ernsthaft darüber nachdenken, was wir eigentlich wollen: Glück oder Befriedigung?« (aus Tom Johanson: *Durch Schatten zum Licht,* S.63, Verlag Hermann Bauer)

»Ehe ist Dauer, Glück kann nicht dauern.
Wird es ein Zustand, hört es auf, Glück zu sein.«

Rolf Hochhuth

»Wer ständig glücklich sein will,
muss sich ständig verändern.«

Konfuzius

*»Das Geheimnis des Glücks ist die Freiheit,
das Geheimnis der Freiheit ist der Mut.«*

Perikles

*»Das Glück hat das Bedürfnis zu wachsen, und es läuft
hinterher. Das große Glück braucht den großen Mut, da
es unverdient ist und damit viel Demut braucht. Das Unglück hat wie die Krankheit das Bedürfnis vorbei zu sein.
Dem müssen wir nachgeben.«*

Bert Hellinger

*»Um den vollen Wert des Glücks zu erfahren,
brauchen wir jemand, um es mit ihm teilen
zu können.«*

Mark Twain

*»Wer andere glücklich machen will,
muss zuerst selbst glücklich sein.«*

Ernest Holmes

*Ein Jüngling liebt ein Mädchen,
Die hat einen andern erwählt;
Der andre liebt eine andre,
Und hat sich mit dieser vermählt.
Das Mädchen heiratet aus Ärger
Den ersten besten Mann,
Der ihr in den Weg gelaufen;
Der Jüngling ist übel dran.*

Es ist eine alte Geschichte,
Doch bleibt sie immer neu;
Und wem sie just passieret,
Dem bricht das Herz entzwei.

Heinrich Heine

Die oben genannten Zitate sind Versuche den Begriff vom Glück zu umschreiben, fassen lässt er sich wohl nie. In der Psychologie versteht man unter Lebenszufriedenheit eine ganz globale Einschätzung des eigenen Lebens: Wer von sich sagt, er würde alles in seinem Leben wieder so machen, steht mit seiner Lebenszufriedenheit an der Spitze. Abhängig ist dieses Gefühl von verschiedenen Indikatoren wie Partnerschaft oder Berufsentwicklung.

Lebensübergänge bringen per se eine Verunsicherung mit sich. Das glückliche Privatleben, also vertrauensvolle, innige Beziehung zum Partner steht in der Werteskala ganz oben! In wie weit die Träume und die Realität zusammenpassen zeigt das Leben.

Begreife, dass Glück mehr ist als die Abwesenheit von Unglück. Zum Glücklichsein braucht man nichts, nichts, nur sich selbst, wer hat das schon?

Von der Liebe

Jeder Mensch kann lieben. So sehr, dass er sogar fähig sein kann, sich selbst zu lieben und damit alle anderen auch. »Liebe deinen Nächsten, wie auch dich selbst.« Wer sich geliebt fühlt, kann in Liebe antworten. Wenn ich mich liebe, wie ich bin, sind mir die anderen recht, wie sie sind. Diese Liebe kann jeder bei sich finden, der sich dazu auf die Suche begibt.

Mich lieben bedeutet, zu dem zu stehen, was war. »So war es, so ist das bei mir gewesen.« Ohne zu hadern. Bereit das zu nehmen, was daraus wird. Chancen verliebten sich. Wir kamen in Liebe zusammen, ohne zu denken. Wenn wir in der Trennung weniger denken und mehr erinnern an das Lieben, das war, sind Probleme lösbar. Liebe ist der Zustand des Nichtdenkens.

Liebe ist bedingungslos, Liebe ist zuverlässig, Liebe ist beständig. Liebe lebt, Liebe will gelebt werden. Lieben bedeutet, den anderen immer besser kennen zu lernen und so lieben zu wollen. Lieben heißt auch gehen lassen.

Liebe ist frei, kein Muss, kein Zwang. Liebe lässt sich nicht zwingen. Verlieben ist kein Willensakt. Wir können uns nicht absichtlich verlieben. Nur Chancen verlieben sich. Doch Verliebtsein ist nicht Liebe. Weil Verliebtsein vergeht, sich verändert. Liebe dauert, ist. Ich kann mich nicht in meine Kinder verlieben, aber ich liebe sie. Mich lieben bedeutet, ohne Hadern zu dem stehen, was war. Liebe liebt, sonst nichts. Keine Kritik. Liebe bleibt. Wir lieben, weil wir lieben, ohne Warum. Liebe ist ohne Bedingungen. Ohne wollen. Ohne um zu...

Kinderaugen, Sonnenaufgang und Sonnenuntergang, Meeresbrandung, Blumen, Erde, Wälder, Lachen: All das sind Bilder der Liebe. Aber Liebe bedeutet auch, alles Leid zu sehen und die Widersprüche in unserem Leben anzuerkennen. Liebe bedeutet Mitgefühl mit den Leidenden und Hilfe ohne Eigennutz.

Für Erich Fromm ist die Liebe neben der Vernunft die wichtigste seelische Triebkraft des Menschen. Sie wächst und entwickelt eine verändernde Kraft nur in dem Maße, in dem sie praktiziert wird. Nur wer sich umfassend akzeptieren und lieben kann, ist fähig, jemanden anderen zu lieben.

Aus dem Nachwort von Dr. Rainer Funk zu *Die Kunst des Liebens,* von Erich Fromm, © Quadriga Verlag Berlin in der Econ Ullstein List Verlag GmbH & Co. KG, München

M. Scott Peck sagt im Buch Der wunderbare Weg, Goldmann Verlag: »Ich definiere Liebe als den Willen, das eigene Selbst auszudehnen, um das eigene spirituelle Wachstum oder das eines anderen Menschen zu nähren.«

Ernest Holmes schreibt in *Der Schlüssel zum wahren Leben,* Verlag CSA, Bad Homburg: »Wer Hass heilen möchte, muss zuerst Lieben lernen. Liebe ist natürlich. Hass ist unnatürlich. Es ist natürlich, dem Universum zu vertrauen. In und hinter allem existiert eine Kraft und eine Gegenwart. Diese Kraft und diese Gegenwart muss für den Menschen Wirklichkeit werden. Er muss lernen, sie in anderen Menschen und in Ereignissen zu erkennen. Wir sind veranlagt, das zu werden, womit wir uns identifizieren.«

Liebe ist unerklärlich, nicht fassbar. Liebe ist eine Kraft, die den Ausgleich im Guten ermöglicht. Was in Liebe gelöst wird, hat Bestand. Was im Hass gelöst wird, kehrt immer wieder, weil es ungelöst ist. Beispiele: Ungerechte Vereinbarungen nach Kriegsende, die immer wieder zu Aufständen führen. Scheidungen, die von einem oder mehreren als ungerecht empfunden werden. Liebe entzieht sich unserem Zugriff.

»Bei guten Männern oder Frauen
muss man sich verändern.«

»Wenig Liebe, wenig Wirkung.«

»Ohne Liebe keine Lösung.«

»Das Tiefste in der Liebe ist unberührbar.«

Bert Hellinger, aus *Entlassen werden wir vollendet,* Kösel-Verlag

Das Gegenteil von Liebe ist Gleichgültigkeit. Liebe heißt DU. Den Anderen kann ich nie ganz verstehen, das ist wichtig für die Liebe. Lass den anderen wie er/sie ist, das ist wichtig zu wissen, weil es hilft. Wer nicht etwas lieben kann, kann nie jemanden lieben. Liebe ist.

Den Partner lieben bedeutet auch, anzuerkennen, dass ich etwas von ihm/ihr brauche, was ich nicht habe. Um ganz zu werden, brauche ich diesen Teil von meinem/meiner Partner/in. Das was mir fehlt, suche ich beim Partner. Erfüllte Liebe ist, wenn dieses Suchen und Verlangen nach Ganzheit, nach dem was mir fehlt, erfüllt wird durch einen Menschen, der mir das schenken kann. Was ich am meisten ersehne: Heilung durch Ganzwerden. Selten genug erleben wir diese Einheit. Wenn das verwehrt wird, was die Partner voneinander brauchen, wird die Beziehung auf lange Sicht zerbrechen.

Vor der Liebe kommt das Verlieben. Ich verliebe mich in einen Menschen, den ich noch nicht kenne. Ich ahne etwas. Ich sehe meine Wünsche in ihm/ihr. Ich sehe meine Möglichkeiten, mich zu entwickeln, in diesem Menschen aufscheinen. Ich sehe meine Chance.

Liebe ist etwas anderes. Liebe sieht den anderen Menschen ganz. Meine Liebe sieht den anderen Menschen wie er ist, mit seinen Schwächen und Stärken. In der Liebe fühle ich mich angenommen, mit meinen Schwächen und Stärken.

Nach Verlieben kommt »Entlieben«. Dann wird die rosa gezeichnete Zukunft realer und auch die farblosen, langweiligen und auch die schwierigen Eigenschaften meines Partners werden sichtbar. Das ging und geht allen so.

Verlieben ist von sexuellem Verlangen geprägt. Dieses Verlangen verändert sich. Dann beginnt die Arbeit an mir selbst. Chancen wollen als Schätze gehoben werden. Vielleicht in Auseinandersetzung mit mir selbst, durch Hinschauen, bewusst werden, Ausweiten meines Bewusstseins.

Allein die Tatsache, dass es allen so ging, hilft zusammenzubleiben, solange Entwicklung möglich ist. Dann wandelt sich verliebt sein in Sinnlichkeit, Eros. Dann bezieht sich meine Sinnlichkeit nicht nur auf den Körper des geliebten Menschen, sondern auf die Beziehung zwischen mir und der Welt, dort draußen.

Es ist eine kostbare Möglichkeit, mit der Kraft des Verliebtseins Altes zu verändern und Neues auf den Weg zu bringen. Wir können Verliebtsein wandeln, in Liebe. Wir können lernen, liebend zu handeln, ohne verliebt zu sein.

Henri Nouwen sagt in *Jesus – Sinn meines Lebens. Briefe an Marc:* »Unser Vermögen, unsere größten Sehnsüchte zu erfüllen, ist derart begrenzt, dass wir immer wieder Gefahr laufen, uns gegenseitig zu enttäuschen. Doch unser Verlangen kann manchmal so stark sein, dass wir die Begrenztheit der anderen nicht mehr sehen, dass wir dazu verführt werden, Liebe zu erzwingen. Dann wird die Liebe gewalttätig: Küssen wird zum Beißen, Streicheln zum Schlagen, ein verzeihendes Sich-Ansehen zu einem misstrauischen Blick, verständnisvolles Zuhören zum Aushorchen und die innige Hingabe zur Vergewaltigung. Jesus sieht das Böse in dieser Welt als Folge eines zu geringen Vertrauens auf Gottes Liebe. Die Liebe Gottes stellt keine Bedingungen, und nur diese Liebe macht uns fähig, ohne Gewalt zusammenzuleben, dann wird es uns möglich, von unserem Nächsten nicht mehr zu erwarten, als er uns zu geben vermag.« Herder Verlag.

»... das Schöne lebt, das andere stirbt, und alles ist Unfug, außer Ehre, Liebe und das Wenige, was das Herz erkennt.«

James Salter, *Verbrannte Tage*

*»Die Frau hat eine Welt: die Liebe,
der Mann hat eine Liebe: die Welt.«*

Jacques Brell

Vom Zufall

Ist alles Zufall, was uns passiert, gibt es Vorherbestimmung? Steht alles fest? Ist der Lebensfilm schon fertig und wir sehen nur einzelne Bilder, wie ein Filmprojektor? Macht es überhaupt Sinn sich zu sorgen? Warum, wenn es sinnlos ist, tun wir es trotzdem?

Ist es Zufall, dass sich zwei Menschen verlieben? Ist es Zufall, dass sich zwei Menschen verlieben, auch wenn sie noch in »festen Beziehungen« sind?

Es eröffnen sich Möglichkeiten, die wir aus unserer eingeschränkten Sicht nicht überblicken können. Wir sind gewohnt nach Regeln, Maßstäben, zu urteilen, gut und böse zu unterscheiden. Vielleicht sollten wir überprüfen, wie sinnvoll überhaupt Urteile sind, wie abhängig wir von Regeln und Gesetzen sind.

Wann stellen wir Ideologien über Menschen? Wann töten uns die verhärteten Regeln und Gesetze? Wann töten sie uns weit ab, dass wir nicht mehr wissen noch spüren, wo wir stehen, was wir tun, wer wir geworden sind. Die neue Möglichkeit, das neue Dritte, das aus der »Überlagerung« der beiden menschlichen Charaktere entsteht, ist die Chance für beide, weiter zu kommen.

Ein Landstreicher sagte auf die Frage ob alles feststeht: »Das glaube ich nicht, jeder steht morgens auf und kann was aus seinem Tag machen ...«

»Der Begriff der Zufälligkeit hat nur in Beziehung zum Beobachter Sinn. Wann immer zwei Beobachter nach verschiedenen Formen der Ordnung forschen, so müssen sie darüber geteilter Meinung sein, welche Folge zufällig zu nennen ist.«

George Spencer Brown in *Laws of Form*

»Der Zufall zeigt seine andere Seite in Gestalt der Wahrscheinlichkeit, die sich exakt bestimmen lässt.«

L. Tarassow, *Wie der Zufall will*

»Die Dinge entstehen aus der Notwendigkeit und dem Zufall.«

Alighiero e Boetti, italienischer Künstler

Von der Wirklichkeit

Die Wirklichkeit wirkt auf uns. Wir leben in der »Auswirklichkeit«. Wir schauen in den Spiegel und sehen, was wir fühlen, nicht was wir sind. Wirklichkeit ist das, was ist. Was wir sehen und mit unseren Sinnen aufnehmen ist real.

Was wir daraus machen, bewertend, beurteilend, ist die »Auswirklichkeit«, das Unwirkliche. Die große Verwirrung entsteht, wenn wir emotional auf die Emotionen der anderen reagieren. Dann reagieren wir nicht klar, wahr, echt auf die Situation, so wie diese Situation sich uns präsentiert, sondern gefärbt mit Gefühlen und Stimmungen, Ängsten und Befürchtungen.

Wir brauchen auf nichts zu warten. Nicht auf ein besseres Leben nach dem Leben, nicht auf das, was wir vielleicht mal waren oder einmal sein werden. Alles ist da, nur die Sichtweise kann sich ändern.

Die gute Nachricht ist, die Sichtweise ändern können nur wir selbst. Wir brauchen auf niemand zu warten. Wir können sofort anfangen. Es muss nichts einfach geglaubt werden.

Emotionen wie Hass, Angst, Eifersucht sind oberflächlich und nur von Bestand, wenn wir sie pflegen. Natürlich empfinde ich diese Gefühle. Aber ich kann lernen, mich nicht mehr abhängig zu machen von diesen Gefühlen. Indem ich diese Gefühle anschaue, nachfrage, woher sie kommen, ob sie hilfreich sind oder mich behindern, gewinne ich Abstand zu ihnen. Ich kann sehen, dass ich nicht diese Gefühle bin, sondern diese Gefühle »gelernt« wurden.

Diese Gefühle wurden vorgemacht, nachgemacht, abgeschaut, zu mir gehörig erklärt. Wenn wir erkennen, für was unsere Gefühle stehen, was sie nützen, wozu sie uns missbrauchen, merken wir, was mit uns passiert. Dann verlieren die Gefühle ihre Macht. Wir verlieren die Abhängigkeit von diesen Gefühlen.

Liebe ist kein Gefühl. Die Liebe, die hier gemeint ist, ist nicht das Gegenteil von Hass. Die Liebe, die hier gemeint ist, ist einfach da. Sie will nichts. Sie ist einfach da. Nicht um zu ... sondern ohne Wollen. Liebe ist eins, nicht dual, indem ich sage, »Ich will dich immer lieben.« wird sie in die Welt gezogen, gebunden. Dann überfordert diese Liebe mich und dich.

Ludwig Wittgenstein sagt in seinem *Tractatus logico-philosophicus:* »Der ganzen modernen Weltanschauung liegt die Täuschung zugrunde, dass die so genannten Naturgesetze die Erklärungen der Naturerscheinungen seien. So bleiben Sie bei den Naturgesetzen als bei etwas Unantastbarem stehen, wie die Älteren bei Gott und dem Schicksal. Und sie haben ja dabei Recht und Unrecht. Die Alten sind allerdings insofern klarer, als sie einen klaren Abschluss anerkennen, während es bei dem neuen System scheinen soll, als sei alles erklärt. Die Welt ist unabhängig von meinem Willen.«

Paul Watzlawick in *Wie wirklich ist die Wirklichkeit*, Piper Verlag: »Die Geschichte der Menschheit zeigt, dass es kaum eine mörderischere, despotischere Idee gibt als den Wahn einer ›wirklichen‹ Wirklichkeit (womit natürlich die eigene Sicht gemeint ist) mit all den schrecklichen Folgen, die sich aus dieser wahnhaften Grundannahme dann streng logisch ableiten lassen. Die Fähigkeit, mit relativen Wahrheiten zu leben, mit Fragen, auf die es keine Antworten gibt, mit dem Wissen, nichts zu wissen, und mit den paradoxen Ungewissheiten der Existenz, dürfte dagegen das Wesen menschlicher Reife und der daraus folgenden Toleranz für andere sein.«

Jeder hat sein eigenes Bild von Wirklichkeit. Ich lasse nur Ausschnitte der Wirklichkeit in mein Bewusstsein eindringen. Diese Ausschnitte der Wirklichkeit sind gefärbt von meinen Erfahrungen. So erschafft sich jeder seine innere Wirklichkeit, jeder sein persönliches Weltbild, seine Glaubenssätze. Wahrnehmung von Wirklichkeit geschieht in unserem Gehirn, nicht davor, nicht draußen.

Ich sehe den Apfel in mir, nicht auf dem Tisch! Je mehr wir unseres Wertens bewusst werden, desto leichter können wir sehen was ist, nicht was wir meinen, was ist. P. Watzlawick kennt zwei Arten von Wirklichkeiten: Die Wirklichkeit erster Ordnung, ist die, die uns unsere Sinne vermitteln. Jeder sieht, bis auf kleine Unterschiede, dasselbe. Die Wirklichkeit zweiter Ordnung geschieht, nachdem das durch die Sinne empfangene, interpretiert wird. Es bekommt einen Sinn zugeschrieben, eine Bedeutung wird gegeben, ein Wert wird definiert. Welche Bedeutung wir jedem Ding geben, was wir daraus machen, hängt von jedem selbst ab. Es bezeichnet seinen Standpunkt.

Francisco J. Varela, Professor für Neurobiologie, Philosophie und Kognitionswissenschaften, antwortet in einem Interview von Bernhard Pörksen (in dessen Buch *Abschied vom Absoluten*) auf die Frage: »Sie haben zahlreiche Studien zur Farbwahrnehmung publiziert. Wie entsteht ein stabiler Farbeindruck?« Francisco J.Varela: »Sehen Sie, vor uns auf dem Tisch liegt ein Buch; aufgrund unserer im Wesentlichen identischen Struktur erscheint es uns in einer Farbe, die wir ›Grün‹ nennen. Als Menschen sind wir das Ergebnis einer Abstammungslinie, in der unsere Vorfahren in der Begegnung mit der ihnen gegebenen Welt bestimmte Muster ausgebildet haben. Wenn man von einer besonderen Beschaffenheit dieser gegebenen Welt und irgendeines Objekts, das wir Buch nennen, ausgeht, und wir auch die Geschichte unserer Abstammung mit berücksichtigen, dann ergeben diese beiden Faktoren ein sich wechselseitig bestimmendes Muster.
Dieses Muster nennen wir beide eine Farbe und bezeichnen es als grün. Aber wir wissen heute längst, dass etwa Vögel aufgrund ihrer eigenen Abstammungsgeschichte etwas wahrnehmen, das wir uns einfach nicht vorstellen können.
Zahlreiche Vögel haben vermutlich ein Farbsystem, das vier Grundfarben umfasst, während beim Menschen drei Grundfarben ausreichen. Organismen existieren somit in unterschiedlichen Wahrnehmungswelten, sie leben in verschiedenen Räumen. Damit

stellt sich die Frag e: Wie sieht dieses Buch nun aus? Wer hat recht? Wir oder die Vögel. Die Antwort heißt: beide. Die verschiedenen Wahrnehmungen erlauben die Fortexistenz von Vogel und Mensch. Eine Farbe ist nicht das Ergebnis einer allein im Inneren des Organismus stattfindenden Konstruktion oder - dies wäre das andere Extrem – an sich existent und unabhängig von dem jeweiligen Lebewesen, das etwas wahrnimmt. Vielmehr handelt es sich um stabile Qualitäten, die sich auf der Basis einer Abstammungsgeschichte erst herausbilden. Sie lassen sich weder eindeutig dem Erkennenden noch dem Erkannten, weder klar dem Subjekt noch dem Objekt zuordnen.«

Es schafft sich jeder Mensch und jede Gesellschaft ihre eigene Wirklichkeit. Wissen schafft Wirklichkeiten. Zuviel Wissen verhindert manchmal angemessenes Handeln. Probleme sind schnell, Lösungen langsam. Verfügbares Wissen nimmt rasant zu. Wie gehen wir mit der Wissenswelle in unserer Wirklichkeit um? Genehmige ich mir Zeit für meine Lösung?

Wir sind in der Lage, z. B. Menschen, Umstände und Zustände analytisch mit dem zielgerichteten Verstand, aber auch komplizierte Beziehungsgeflechte zwischen Menschen, den Austausch von unbewussten Botschaften wahrzunehmen. Alles zusammen bestimmt dann unsere persönlichen Denk-, Fühl- und Verhaltensmuster und somit unser Handeln. Es entsteht subjektive Wirklichkeit durch unsere interpretierte Wahrnehmung.

»Der Schatten ist verhindertes Licht.«

Graf Dürkheim

»Weil es sind die selben Strass'n die Heim führ'n oder fort.«

Hubert von Goisern auf seiner CD *FÖN, Die Stråss'n*

»Probleme sind schnell, Lösungen langsam.«

Eva Madelung schreibt dazu in ihrem Buch Trotz und Treue (zitiert aus Gert Höppner's *Heilt Demut wo Schicksal wirkt?*): »Worin besteht der Sinn und die Notwendigkeit der Rede vom ›Zweierlei‹ der Wirklichkeiten? Dass es eine familiäre Bindung gleichzeitig mit einer Tendenz zur Abgrenzung in Familien gibt, wird kaum jemand bestreiten. Alle Kapitel, die sich mit der im Menschen angelegten Doppelbindung des Trotzes befassen, befassen sich mit dem manchmal bis zum Unerträglichen geladenen Spannungsfeld zwischen den Polen Selbstverantwortung und ohnmächtigem Eingebundensein, Macht und Ohnmacht, in dem wir – ob wir es wollen oder nicht – notgedrungen dabei sind, uns eine Wirklichkeit, Schritt für Schritt zu erschaffen. Indem sich diese Wirklichkeiten – so verschieden sie aufs erste erscheinen – durchdringen, sind sie wie mit einem geheimen, unterirdischen Gang verbunden: Wir tun Schritte, indem wir uns zwischen zwei Alternativen zu entscheiden glauben, oder – im Aushalten einer Polarität – eine dritte Möglichkeit ›erfinden‹. Rückblickend gewinnen wir

jedoch immer wieder den Eindruck, dass nicht wir sie
›erfunden‹, sondern dass sie uns – auf eine nicht ver-
ständliche Weise – gefunden haben.«

*»Die Wahrheit ändert sich. Was wir vor Jahren für wahr
und gültig erachtet haben, erweist sich später als un-
vollständig und überholt.«*

Bert Hellinger

*»Das Denken beginnt erst, wenn wir zu dem Wissen ge-
langt sind, dass die Jahrhunderte lang gepriesene Vernunft die hartnäckigste Widersacherin des Denkens ist.«*

Martin Heidegger

Vom freien Willen

Ich habe einen freien Willen. Mein Handeln ist frei. Stimmt das wirklich? Das Handeln der anderen sehen wir oft vorherbestimmt von den Umständen, aus denen heraus sie handeln. Von der Vorgeschichte beeinflusst, die wir kennen, konnte er/sie gar nicht anders handeln. So scheint das Handeln der anderen eher vorbestimmt, vorentschieden, festgelegt. Vielleicht ist es beides, teils vorbestimmt, teils frei? Auf alle Fälle ist es ein Konzept und damit Ansichtssache, Teil eines Glaubenssystems. Das wollen wir uns genauer anschauen.

Unser Problem resultiert daraus, dass wir das, was wir für wahr halten, glauben. Wir halten die interpretierte Wahrheit für die Wahrheit. Als Beispiel: In einem Versuch zeigte der Psychologe Solomon E. Asch jeweils sieben Studenten drei senkrechte Linien von unterschiedlicher Länge. Es sollte die senkrechte Linie zugeordnet werden, die einer der drei Linien entsprach. Bei allen Studenten war es die Linie Nr. 2. Nur bei einem Studenten war es die Linie Nr. 1. Und alle außer ihm waren darüber informiert. Der »arme« nicht Wissende wurde immer leiser, als alle anderen sich klar und deutlich zur Linie Nr. 2 bekannten und sagte schließlich: »Ich glaube, recht zu haben, aber mein Verstand sagt mir, dass ich nicht recht haben kann, denn ich kann nicht glauben, dass so viele andere sich irren können und ich allein recht habe.« Dieser Versuch wurde vielfach wiederholt und 36,8 % der »Nichtwissenden« stimmten dem allgemeinen Urteil zu, obwohl sie etwas anderes sahen. (Paul Watzlawick *Wie wirklich ist die Wirklichkeit,* S. 67, Piper Verlag)

Verhaltensgenetiker sagen, dass unsere persönliche Gen-Ausstattung darüber entscheidet, wie wir sind, ob tobsüchtig oder cool, was wir tun können oder nicht, ob wir mutig oder traurig sind. Die Genforschung scheint zu belegen, dass wir Marionetten unserer Gene sind. Ist das ein Beleg für eine Weltsicht, in der alles von vornherein feststeht?

Wir müssen leben, was wir glauben. Wir müssen tun, was wir für notwendig halten. Wie steht es dann mit unserem freien Willen? Dazu sagt Hans Vaihinger in seinem 1911 veröffentlichten Buch *Die Philosophie des Als-Ob,* Scientia Verlag Aalen, 1986: »Die Freiheit des eigenen Willens ist erfunden. Die Willensfreiheit des Menschen lässt sich in keiner Weise objektiv beweisen. Willensfreiheit ist eine nützliche Fiktion. Wir verhalten uns, ›als ob‹ wir einen freien Willen hätten. Nur so ist unser Zusammenleben möglich.«

Paul Watzlawick in *Wie wirklich ist die Wirklichkeit:* »Wenn wir nach langem Suchen und peinlicher Ungewissheit uns endlich einen bestimmten Sachverhalt erklären zu können glauben, kann unser darin investierter emotionaler Einsatz so groß sein, dass wir es vorziehen, unleugbare Tatsachen, die unserer Erklärung widersprechen, für unwahr oder unwirklich zu erklären, statt unsere Erklärung diesen Tatsachen anzupassen.«

Es ist der uralte Streit der Philosophen: Gibt es

einen freien Willen oder ist alles determiniert, steht alles fest? Die Beantwortung dieser Frage ist für manche sehr wichtig, wie die Frage, gibt es einen Gott? Und wenn nicht? Wir müssten weiterleben wie bisher, oder würden wir daran die Sinnlosigkeit des Ganzen festmachen? Wenn Gott das Alibi ist, um sich wohl zu verhalten aus Angst vor Strafe, dann ist das genau der Gott, der nicht mehr in unsere Zeit passt. Gott ist alles, Gott lässt sich nicht mit unserem polaren Bewusstsein erklären. Die Wahrheit liegt im Sowohl-als-auch. Können wir einen freien Willen haben und es steht trotzdem schon alles fest?

Paul Watzlawick zitiert aus einem Vortrag von Max Planck aus dem Jahr 1946: »Von außen betrachtet ist der Wille kausal determiniert, von innen betrachtet ist der Wille frei. Mit der Feststellung dieses Sachverhaltes erledigt sich das Problem der Willensfreiheit. Es ist nur dadurch entstanden, dass man nicht darauf geachtet hat, den Standpunkt der Betrachtung ausdrücklich festzulegen und einzuhalten.« (aus *Wie wirklich ist die Wirklichkeit,* Piper Verlag)

54 Jahre später, am 1. 6. 2000 zitiert die dpa Wolf Singer, Direktor des Max-Planck-Instituts für Hirnforschung in Frankfurt a.M.: »Neurobiologisch gesehen gibt es keinen Grund für Freiheit. Das, was wir als freie Entscheidung erfahren, ist nichts als eine nachträgliche Begründung von Zustandsveränderungen, die ohnehin erfolgt wären.«

Der US Hirn-Forscher Michael Gazzangia ist noch deutlicher: »Wir sind die letzten, die erfahren, was unser Gehirn vorhat.«

Der US-amerikanische Forscher Benjamin Libet will sogar den zeitlichen Abstand zwischen der Handlung und dem vermeintlichem Willensentschluss gemessen haben. Das Gefühl, eine Bewegung absichtlich ausgeführt zu haben, sagt er, stellt sich exakt 350 Millisekunden nach der Bewegung ein. (dpa v. 1. 6. 2000)

V. S. Ramachandran ist Professor für Neurowissenschaften und Psychologie an der Univ. of California in San Diego. Er sagt in einem Interview im SZ-Magazin vom 19. 01. 2001: »Wir halluzinieren in Wahrheit ununterbrochen. Mehr als 90 Prozent dessen, was wir zu wissen glauben, vermuten wir nur. Diese Vermutungen verkauft uns das Hirn als Realität.«

Der Direktor der Psychologischen Abteilung der Harvard-Universität in Cambridge, Daniel Schacter: »Erinnerungen verändern sich eklatant. Angenommen, ein Mann wäre vor zwei Jahren von seiner Frau verlassen worden, sagen wir kurz vor Weihnachten. Lässt er jetzt das letzte gemeinsame Weihnachtsfest Revue passieren, würden ihm automatisch Situationen einfallen, die vermeintlich auf die bevorstehende Trennung hindeuten, beispielsweise heftige Streitereien. Hätte der Mann weiterhin eine Ehe mit seiner Frau geführt, bliebe ein vollkommen harmonisches Familienabendessen. Kleinere Auseinandersetzungen hätte er ausgeblendet.« *(The seven sins of memory,* Daniel L. Schacter)

In einer Untersuchung stellten Forscher zahlreichen Paaren über einen Zeitraum von mehreren Jahren folgende Fragen: Wie sehr lieben Sie Ihren Partner? Wie glücklich sind sie? Wie oft fällt er Ihnen auf die Nerven? Besonders interessierte die Psychologen, wie gut sich die Partner an die Noten erinnerten, die sie ihrer Beziehung vor einem Jahr gegeben hatten. Das Ergebnis verblüffte die Fachwelt: Lebten die Befragten noch glücklich miteinander, erinnerten sich knapp 90 Prozent korrekt. Lebten die Partner inzwischen getrennt, vergaßen 75 bis 80 Prozent, dass sie vor einem Jahr noch verliebt waren. Die zerstrittenen Singles behaupteten felsenfest, sie hätten ihren Partner nie gemocht.« *(The seven sins of memory,* Daniel L. Schacter)

»Wir sind die letzten, die erfahren, was unser Gehirn vorhat.«

Michael Gazzangia, Hirnforscher

Bei Trennungen, die wir bei anderen erleben, fragen wir uns vielleicht: Wieso konnte es so weit kommen? Es sind doch gebildete Menschen, die einen Sachverhalt klären können. Wieso schaffen die es nicht in ihrer Beziehung?

Vielleicht weil es dafür keine Erklärung, keine Verstandesgründe gibt. Es ist einfach so, fertig. Aber was wir daraus machen, liegt womöglich in unserer Hand. Wie wir mit Schicksal umgehen, ist vielleicht unser freier Wille, vielleicht.

Hans Vaihinger in der *Philosophie des Als Ob* von 1911(S. 198) ScientiaVerlag Aalen, 1986 : »Freiheit ist eine Fiktion. Der Strafrichter benützt diese Fiktion einfach, um ein Strafurteil zustande zu bringen. Der Zweck ist das Strafurteil, das durch die Fiktion, der Mensch, also der Verbrecher, sei frei, erreicht wird: ob der Mensch faktisch frei ist, ist gleichgültig. Der Richter schließt : Jeder Mensch ist frei und darum, wenn er gegen das Gesetz sich vergangen, strafbar.
Ob aber der Mensch überhaupt frei sei, diese Prämisse wird vom Richter nicht untersucht: Faktisch ist diese Prämisse nur eine Fiktion, welche zur Ableitung des Schlusssatzes dient; denn ohne Bestrafung der Menschen, der Verbrecher, ist keine Staatsordnung möglich: Zu diesem praktischen Zweck ist die theoretische Fiktion der Freiheit erfunden.«

Das Problem entsteht, weil wir eine Lösung wollen. Wir wollen die Dinge so oder so definiert wissen, wollen wissen, dass die einen Recht haben, die anderen Unrecht. Immer mehr erkennen wir, dass die Wahrheit so oder so zu deuten ist, dass es eine Standpunktfrage ist, was als wahr anzusehen ist. Dies stellt sich besonders in Beziehungen dar und da besonders im Streitfall. Jeder ist davon überzeugt, sein Standpunkt sei richtig. Aus seiner Sicht hat er/sie auch Recht. Jeder andere aus seiner Sicht heraus aber auch.

Deshalb ist Trennung im Streit die schlechtere Lösung, weil diese Form der Trennung nicht auf den anderen eingeht, seinen Standpunkt nicht respektiert, sondern davon ausgeht, dass einer Recht hat und der andere Unrecht.

»Die Welt ist unabhängig von meinem Willen. Alles, was wir sehen, könnte auch anders sein. Alles, was wir überhaupt beschreiben können, könnte auch anders sein.«

Ludwig Wittgenstein im *Tractatus logico-philosophicus*
© Suhrkamp Verlag, Frankfurt a. M. 1963

Hatten wir einen freien Willen, als es um unsere Geburt ging? Nein, wir wurden einfach geboren. Erinnern wir uns an die Zeit vor unserer Geburt, als wir noch nicht gezeugt waren? Geht nicht. In der Reinkarnationstherapie gehen die Therapeuten davon aus, dass die geschaute Wirklichkeit möglich war, aber nicht unbedingt so gewesen sein muss. In der kinesiologischen Arbeit sind die durch Muskeltests erzielten Ergebnisse nicht die Wahrheit, im Sinne von wahr gewesen, sondern die Wahrnehmung der Testperson, ihr subjektiver Eindruck. Das was der Mensch, aus dem was war, gemacht hat. In der Aufstellungsarbeit ist das gestellte Bild nicht die Wahrheit, wie eine Momentaufnahme, sondern das innere Bild des Aufstellenden. So passiert uns auch unsere Geburt. Wie alles wichtige in unserem Leben, was wir als Glück oder Schicksal erleben. Es passiert uns. Der Unfall passiert. Den Job, den Gewinn, den Auftrag zu bekommen, es passiert einfach. Wir tun etwas dazu, aber können es nicht erzwingen. Das hat nichts mit freiem Willen zu tun. Diese Freiheit ist eine Fiktion.

»Wille ist ein Wunsch, der intensiv genug ist, in Handlung umgesetzt zu werden.«

M. Scott Peck

Vom Bewusstsein

Bewusstsein ist unser größtes Startkapital. Abgesehen von den materiellen »Gütern« wie z. B. unserem Körper und möglichem Kapital im Sinne von Nahrung und Ausbildung, ist die Fähigkeit, uns selbst wahrzunehmen, unsere größte Möglichkeit uns aus dem »Sumpf« der Unwissenheit selbst herauszuziehen. Das Wahrnehmen meiner selbst, wenn ich als Kind das erste mal »ich« zu mir sage, ist der »magische« Moment, in dem mein bewusstes Sein beginnt.

Ich bin ich, du bist du. Hier geschieht bewusstes Sein. Dieses Kapital gilt es zu nutzen. Durch Bildung, Ausbildung, Schulung der Sinne, durch das Leben des Künstlers in mir. Durch das Leben meiner Kreativität, durch meinen individuellen Ausdruck, hier im Leben.

Bewusstsein ist Freude. Es ist auch die Freude, nicht alles verstehen zu müssen, die Großzügigkeit, fünf gerade sein zu lassen, sich der eigenen Entwicklung bewusst werden, zu spüren, wie es weiter geht nach oben, nach vorn. Auch wenn es manchmal so scheinen mag, als würde es immer schwerer.

Bewusstes Sein bedeutet auch die Erkenntnis, dass schon alles in mir enthalten ist, dass ich nichts mehr zu suchen brauche. Sie lieben es, auf eine blühende Wiese zu schauen und die erste Frühlingssonne zu spüren? Das ist bewusstes Sein. Das zu tun, was ich liebe, was mir gut tut, bei dem sich nicht die Frage stellt, ob ich es mag oder nicht, das ist bewusstes Sein.

Bewusstsein gibt es nur im Moment. Nicht vorher, nicht nachher, nur jetzt. Immer wieder neu. Unveränderlich immer neu, das ist Bewusstsein. Bewusstsein, kann man nicht lernen, jeder hat es schon. Bewusstsein ist spontan, nicht überlegt, unbedacht. Wir können nur unser Bestes dazu tun, und es dann nehmen wie es kommt.

Von der Sexualität

Sexualität, körperliches Lieben, kann der Anker sein in einer Partnerschaft. Wenn das Liebesleben stimmt, stimmt die Beziehung. Ungleichgewicht lässt sich nicht lange ausgleichen. Die meisten Partner suchen nach Erfüllung ihrer sexuellen Wünsche oder reagieren mit Frust.

Beziehungen gehen oft auseinander, weil ein Partner kein erfüllendes Liebesleben mehr zu finden glaubt. Während die öffentlich angebotene Lust immer seltsamere Blüten treibt, reduziert sich die Paareslust Jahr für Jahr mehr, wächst die Ratlosigkeit bei vielen. Es entsteht fast der Eindruck, als würde unser persönliches Sexleben dem 'allgemeinen Standard' nicht genügen. Wenn Sie über Ihre »Trennung in Liebe« oder über die Erneuerung Ihrer Partnerschaft nachdenken, ist es auch an der Zeit über Ihr gemeinsames Liebesleben zu reden, miteinander und nur miteinander. Jetzt ist der richtige Moment, sonst könnte es zu spät sein.

Der Sexualwissenschaftler Ulrich Clement: »…Jede Pathologisierung (von Sexualität) setzt normative Vorstellungen voraus, was eine richtige oder „gesunde" Lust sein soll. Dann aber nimmt man sie aus dem Beziehungskontext heraus, in dem sie sich entfaltet. Wenn jemand nur in speziellen Lebenssituationen oder nur einmal im Jahr oder nur unter bestimmten Voraussetzungen Interesse an sexueller Aktivität hat, ist daran nichts Pathologisches. Zu jeder sexuellen

Lustlosigkeit gehört ein Partner, der sich daran stört.«

Clement weiter: »Wenn zwei Partner darunter leiden, dass die Intensität oder Qualität ihres Begehrens nicht zusammenpasst, dann würden die beiden ihre Sexualität als gestört bezeichnen. Ich als Therapeut habe das nicht zu entscheiden oder zu definieren. Sogar im Gegenteil: Lustlosigkeit und Lust sind zunächst einmal gleichwertig. Der Partner, der sich sexuell desinteressiert und lustlos zeigt, hat genauso recht wie der Partner, der auf sexuelle Aktivität drängt und sich subjektiv als „normal" oder gesund sieht.«

Ohne Vorwurf, mit Respekt vor dem, was der/die andere kann und nicht kann. Trauen Sie sich zu sagen, was Sie sich wünschen. Trauen Sie sich zu sagen, was Sie nicht mögen. Dabei spüren Sie selbst, ob Sie Ihren Partner noch wollen, ob Sie noch weiter Kraft investieren wollen oder es eigentlich schon aufgegeben haben. Ob sie noch eine Chance hat, diese Beziehung, von Ihnen aus.

Jeder ist für seine eigene Sexualität selbst verantwortlich. Jeder ist für seinen eigenen Orgasmus verantwortlich. Orgasmus findet auch im Kopf statt. Es sind Märchen, dass viele Frauen frigide sind, erfundene Märchen, die uns nicht helfen, sondern uns suggerieren, es gibt keine Lösung, ich bin verdammt dazu, so zu sein. Irgendwer oder irgendwas ist schuld. Das ist falsch!

»Ernst Gräfenberg stellte sich 1950 der allgemeinen Auffassung entgegen, dass ein Großteil der Frauen frigide sei. Noch in den 30iger Jahren glaubte man, dass 80 Prozent der Frauen nicht zu einem Orgasmus fähig seien, und stufte weibliche Erregung als Ausdruck von Hysterie ein.« (Zitiert aus dem Beitrag von Christine Westerhaus in der Süddeutschen Zeitung vom 18. 9. 2001, *Gipfel der Lust)*

Jeder Mann kann in der körperlichen Liebe glücklich werden, über seine Partnerin, über die Frau. Die Frau hütet die Liebe wie einen Schatz. Manchmal verzichtet sie selbst auf die erfüllende Liebe, weil sie Angst hat, dass Männer unwürdig damit umgehen. Der Mann braucht die Frau, um Liebe leben zu können. Von dieser Liebe, die Frauen geben können, und die hier gemeint ist, ist die Sexualität ein Teil.

Wir Männer haben nicht gelernt, würdig, vorsichtig und mannhaft mit Frauen umzugehen. Wir Männer müssen den Schritt hin zu unseren Frauen wieder tun. Nicht mit schlechtem Gewissen, aber wissend, dass wir an dem Zustand, wie er ist, zu mindestens fünfzig Prozent mittragen.

Männer und Frauen haben »Frau sein«, zu dem gemacht, was es heute ist. Männer und Frauen können aus »Mann sein«, wieder das machen, was Frauen begehren. Niemand ist zu irgendetwas verdammt. Für jeden Menschen gibt es gute Lösungen. Diese Heilung kommt manchmal von außen und manchmal aus dem Menschen selbst, durch sein bewusst werden.

Ohne empfangende und gebende Liebe zu einem

Menschen ist körperliche Liebe nur Sex. Dieser Sex bleibt unbefriedigend, muss ständig erneuert werden, ist oberflächlich. Sex hält nicht. Liebe schließt Sex mit ein, geht über die Körper der zwei Menschen hinaus.

Sex ist im Kopf, in Gedanken an Bilder, andere Wunschpartner, Phantasien. Liebe ist im Erleben, Spüren, Bekommen. Liebe findet mit dem Partner statt. In der Freude über seinen/ihren Körper. Liebe ist unvergleichlich, vergleicht nicht, misst nicht.

Liebe sieht in dem Partner seine/ihre Schönheit. Liebe gibt es nur im Moment. Liebe denkt nicht, erinnert sich nicht. Die körperliche Liebe gibt es nur im Moment, jetzt. Genießen wir unsere Liebes-Lust, so oft es geht. Verändern wir, was uns Kraft raubt.

Die Regisseurin, Catherine Breillat, sagt über ihren Film *Romance* in einem Interview der SZ vom 15.6.2000, von Rainer Gansera, auf die Frage: »Sie gehen in der Darstellung bis an die Grenzen des Pornographischen. War das nötig?«
»Es war nötig, weil es verboten ist. Man darf die explizite Darstellung der Sexualität nicht dem Pornokino überlassen. Frauen haben die größten Schwierigkeiten, sich mit ihrer Sexualität zu identifizieren. Sie dürfen ihre Sexualität nicht zeigen und wenn sie es tun, ist das ein Tabubruch. Die Identität einer Frau ist immer sexuell, es gibt keine andere. Das ist für Frauen schwierig zu begreifen, weil man ihnen in 2000 Jahren jüdisch-christlich-islamischer Erziehung eingeredet hat, dass Sexualität der Bereich von Schuld, Scham und Obszönität sei.«

Männer haben oft ihre Macht missbraucht, um Frauen gefügig zu machen und gefügig zu halten, besonders in der Sexualität, die Rechnung folgt irgendwann. Dieses irgendwann ist jetzt.

Aus der Aufstellungsarbeit Bert Hellingers ist auch zu lernen, dass Männer, die bei ihren Vätern stehen, von Frauen geachtet werden. Männer, die bei Ihren Müttern stehen, von Frauen bemitleidet und verachtet werden.

Wir Männer können nichts besseres tun, als die Kraft unserer Väter und Vaters-väter hinter uns zu spüren. Am besten sieben Generationen weit, wie die Indianer sagen. Wir können diese männliche Kraft uneingeschränkt, vorbehaltlos, nehmen wie eine »Männertankstelle«. Ohne Vorbehalte, einfach die gute Kraft dieser Männer im Kreuz haben!

Was ich tun kann

Stellen Sie sich ganz ruhig, allein, ungestört, in einen Raum, nehmen Sie sich Zeit nur für sich. Lesen sie diese Zeilen und danach machen Sie die Übung, indem Sie sich Ihre Ahnen mit Ihren guten Wünschen ganz nah und kräftigend vorstellen. Nun folgt die Übung für Männer:

Ich kann die stärkende Kraft meines Vaters und unserer Vatersväter hinter mir gut spüren, indem ich mir vorstelle, wie z. B. diese sieben Männer hinter mir stehen. Ich stehe vielleicht sogar etwas angelehnt an diese Männer, die hinter mir stehen. Ich schaue zurück auf die imaginären Gesichter dieser Männer, die mich stützen. Die sich wünschen, dass ich weitergehe auf meinem Weg, dass ich gestärkt werde durch ihre Kraft. Dass ich von ihnen lernen kann. Diese, meine Väter, wollen mir gut. Sie wollen mich kräftigen, damit ich im Leben bestehe. Und sie sind da, um mich zu stützen. Immer. Ich brauche nur an sie zu denken. (Ende der Übung)

Dasselbe gilt für die Frauen, die in langer Reihe vor Frauen stehen. Die »Frauentankstelle« gibt den Frauen ihre Kraft zurück.

Da jeder Vater und Mutter hat, ist es wichtig, in einem zweiten Übungsteil beide Eltern hinter sich zu spüren. Indem ich meine Kritik an den Eltern lassen kann, kann ich ihre Kraft annehmen. Dann ist Platz in meinem Herzen für die Unterstützung, die irgendwo alle Eltern für ihre Kinder haben. Oft ist dieser Platz von meiner Kritik an den Eltern belegt und ich kann dann die Unterstützung, die Eltern gern ihren Kindern geben möchten, nicht annehmen.

Jedes Paar hat seine eigene Erotik, die die Beziehung der Partner widerspiegelt. Offen gelebte Sexualität in der Partnerschaft bedeutet Kontrollverlust. Ich kann meine eigene Sexualität und die des Partners/in wertschätzen. Dauernde Harmonie tötet die Erotik. Erotisch sein bedeutet, den Mut zu haben, die eigenen Wünsche und Träume auszudrücken. Erotisch sein bedeutet, die geilen Träume gemeinsam mit unserem Partner auszuleben, die sich in den geheimsten Ecken unseres Kopfes herumdrücken, vielleicht wünschen sie oder er sich das schon lange!

Von der Ehe

Die Forderungen, die wir an die Ehe gestellt haben, überfordern uns. Die Ehe soll ein Bund sein, der für ein Leben lang geschlossen wird. »Bis dass der Tod euch scheidet.«: Das ist für manche ein zu großes Versprechen.

Manche behaupten, es wäre besser, die Ehe zum Schein aufrechtzuerhalten. Der Mann, die Frau, könnte ja das eine oder andere Verhältnis »nebenher« haben, das wäre immer noch besser als eine Scheidung. Scheidung wäre das Eingeständnis, es nicht geschafft zu haben. Eine zerstörte Vertrauensbasis ist die Folge des Scheins.

Kinder werden oft als Argument missbraucht, um Trennung zu verhindern. Dabei wäre es für manchen Jungen und manches Mädchen hilfreicher gewesen, die apokalyptischen Ausein-andersetzungen, den gepressten Hass oder die Gewalt nicht aus nächster Nähe, hilflos, miterleben zu müssen.

Wir haben eine Schwierigkeit: Wie geht es nach dem »Verliebtsein« weiter? Gerade das Anerkennen, dass dieser Abschnitt unserer Liebe vorbei ist, könnte der erste Schritt zu einer dauerhaften Liebe sein. Ehe, wie sie heute oft gelebt wird, fesselt Männer, macht Männer (und Frauen) oft kaputt. Partner werden passiv, fühlen sich in der Sexualität abhängig oder nicht gewürdigt.

Männer sitzen zu Hause vor Bier und Fernseher und »erholen« sich von der Einöde des Geldverdienens. Viele Ehemänner leben in völlig unbefriedigenden Beziehungen und kaum ein Mann spricht darüber oder tut etwas dafür. Wir werden einfach nur krank und wahrscheinlich findet der Arzt keine Ursache...

Männer: Gefängnisse zu 95 Prozent mit Männern angefüllt, eine im Schnitt um sieben Jahre kürzere Lebenserwartung, Gewalt an Frauen und Kindern, sexueller Missbrauch. Es ist Zeit endlich hinzuschauen und an uns Männern etwas zu ändern. Motiviert genug sind wir, wenn wir spüren und hinschauen, was los ist. Als erste Hilfe empfehle ich: Robert Blys Bücher *Eisenhans* und *Die kindliche Gesellschaft,* sowie *Männer auf der Suche* von Steve Biddulph und den Film *Don Juan* mit Marlon Brando, Jonny Depp und Faye Dunaway.

Ehe ist ein Konzept, eine Struktur im Zusammenleben von Paaren. Partnerschaft muss erfüllt werden mit den Werten, die für beide Partner von Bedeutung sind. Partnerschaft entsteht nicht durch das Ritual der Trauung. Sie entsteht, indem sich beide Menschen gemeinsam und jeder für sich um Lösungen bemühen, Zeit miteinander verbringen, sich zugehörig fühlen.

Partnerschaft strebt Gleichwertigkeit an. Partnerschaft verändert jeden »Teilnehmer«. Keiner kann sagen, ob er in zehn Jahren noch so denkt wie heute. Eher wahrscheinlich ist, dass das Denken, die Standpunkte beider, sich in dieser Zeit gewandelt haben. Wer kann da garantieren, immer noch der richtige Partner für den anderen zu sein? Garantieren nicht, jedoch die Absicht haben schon! Es ist ein Glücksfall, wenn die Entwicklungen noch so parallel sind, dass ein gutes Zusammensein möglich ist.

Die Paarbeziehung sollte an erster Stelle stehen, dann die Kinder, dann die Arbeit. Wenn Arbeit oder Kinder sich vordrängen oder vorgeschoben werden, ist partnerschaftliche Liebe bald am Ende. Für kürzere Zeiträume kann sich die Gewichtung verschieben: etwa durch Geburt, neue Selbstständigkeit, oder Berufswechsel etc.

Ehe, Partnerschaft braucht Raum zwischen den Partnern, ob verheiratet oder nicht. Raum, den jeder für sich selbst füllen kann. Die Beziehung darf keine Fessel werden. Sich geben, aber nicht ausliefern, zusammen stehen, aber nicht abhängig sein: Wer hat uns das geraten bevor wir Partner fanden? Lehrer, unsere Eltern, Freunde?

M. Scott Peck: »Wir müssen den meisten Paaren sagen, dass sie zu sehr verheiratet sind, zu eng verheiratet, dass sie etwas mehr psychische Distanz zwischen sich schaffen müssen, ehe sie auch nur beginnen können konstruktiv an ihren Problemen zu arbeiten.«

Der Therapeut Scott Peck weiter: »Manchmal ist es tatsächlich nötig, sie physisch zu trennen, sie zu bitten, im Gruppenkreis getrennt voneinander zu sitzen. Immer ist es nötig, sie aufzufordern, nicht für den anderen zu sprechen oder einander gegen die Gruppe zu verteidigen. Immer und immer wieder müssen wir sagen: ›Lassen Sie Mary für sich selbst sprechen, John‹ und ›John kann sich selbst verteidigen, Mary, er ist stark genug‹. Wenn sie in der Therapie bleiben, lernen schließlich alle Paare, dass wirkliches Akzeptieren der eigenen Individualität und Getrenntheit die einzige Grundlage ist, auf der eine reife Ehe bestehen und wirkliche Liebe wachsen kann.« (M. Scott Peck, *Der wunderbare Weg,* Goldmann Verlag)

Ehe, Partnerschaft, der Wunsch in Liebe miteinander zu sein, hat einen wunderbaren Ursprung. Zu viele lassen sich diese Liebe vom Alltag zerstören. Schuld ist nicht der Alltag! Wir selbst lassen uns abgleiten in die Lustlosigkeit. Überwältigt von Arbeit und vermeintlicher Ausweglosigkeit motzen wir an allem herum, was uns nicht passt.

Dann geht die Liebe und wir fragen uns, was machen wir hier eigentlich noch, allein, ohne Liebe. Wenige sind konsequent genug, einen guten Schlussstrich zu ziehen oder die Beziehung zu verändern. Viele machen einfach weiter, weil es keine Alternative zu geben scheint. Schaffen Sie sich wieder mehr Sonntage in Ihrem Leben.

Vom Selbstwert

Je kleiner mein Selbstwertgefühl ist, desto größer ist mein Bedarf an Bestätigung. Bestätigung von anderen, so glauben wir, ist Liebe. Diese Liebe, den Glauben der anderen an uns, brauchen wir, um an uns selbst zu glauben. Wir bewundern die, die scheinbar dieser Kraftzufuhr von außen nicht bedürfen, die unbeirrt ihren Weg gehen. Das waren immer schon unsere Helden.

Die Schwierigkeit ist, dass diese Bestätigung von anderen uns abhängig macht von ihrem Urteil. Ist das die Freiheit, die wir suchen? Wir können uns gegenseitig den Mangel an Selbstwert nur kurz nehmen. Dieser Mangel an Selbstsicherheit und der Überfluss an Einsamkeit kehren immer wieder, wenn wir sie im Außen, durch die Bestätigung anderer zu beheben trachten.

Selbstwert ist ein Gefühl von mir. Wenn wir uns so verhalten, als ob wir die Gefühle sind, die wir haben, wirken sie auf uns als ob sie echt wären. Meinen Selbstwert finde ich im Zusamm-enleben mit anderen. So wie ich mich im Vergleich zu dem sehe, was ich gerne wäre, - ob ich meine Ziele erreicht habe oder nicht - steigt oder fällt mein Selbstwertgefühl. Dieses Gefühl sitzt im Verstand, es lohnt sich, sich mit diesem Gefühl zu beschäftigen. Indem ich mir klar werde, welche Werte in mir angelegt wurden durch Erziehung, durch Nachahmen, durch Moral etc. Sind das noch meine Werte?

Wenn ein geliebter Mensch stirbt, ist dieser Schmerz ein Gefühl oder nicht? Das ist tiefe Betroffenheit, tiefer Schmerz über den Verlust dieses Menschen. Das ist echter Schmerz, kein oberflächliches Gefühl.

Natürlich gibt es das Selbstwertgefühl. Es geht darum mit diesem Gefühl umzugehen. Es für sich zu beschreiben. Zu erfahren, was dieses Gefühl für eine Qualität hat. Was wahr daran ist. Was tief daran ist.

Ich kann den Umgang mit Gedanken, die Emotionen wie z. B. Angst auslösen, lernen. Selbstbeobachtung ist das Mittel dazu. Was mit mir geschieht, wenn diese Angst auftritt. In welcher Gemütslage ich bin, wenn diese Angst auftritt. Was sie verstärkt, was sie schwächer werden lässt. Was bewirkt, dass sie verschwindet.

Indem ich diesen Umgang lerne, lerne ich mich kennen, erlebe ich meine Reaktion auf die Angst. Ich bemerke irgendwann, ich bin nicht diese Angst, sondern sie ist wie eine Kapsel in mir. Eine Kapsel, die ich geschluckt habe und die ich auflösen kann. Angst, die immer wieder auftreten kann, die ich dann wieder erkenne, die ich begrüßen und verabschieden kann, durch Wahrnehmen, durch Bewusstmachen.

Ich nehme die Angst ernst. Ich schaue sie an mit dem Ziel, sie zu mir zu nehmen, sie zu integrieren, sie zu heilen. Ich handle, wenn ich bemerke, dass Handlungsbedarf besteht. Dann kann ich mir überlegen, was die geeigneten Maßnahmen sind, um dieser Angst gerecht zu werden. Das Ziel ist, die Angst in Aktivität zu wandeln oder sie aufzulösen, wenn sie unbegründet ist. Das geht, indem ich Angst aus dem undefinierten Gedankenwirrwarr herauslöse, durch Anschauen der Angst.

Von der Demut

Wenn wir die ganze Menschheit auf ein Dorf von 100 Einwohner reduzieren würden, aber auf die Proportionen aller bestehenden Völker achten würden, wäre dieses Dorf so zusammengestellt (Stand im Jahr 2000):

57	*Asiaten*
21	*Europäer*
14	*Amerikaner (Nord- und Süd-)*
8	*Afrikaner*
52	*wären Frauen*
48	*wären Männer*
70	*nicht-weiße*
30	*weiße*
70	*nicht Christen*
30	*Christen*
89	*heterosexuelle*
11	*homosexuelle*
6	*Personen würden 59 % des gesamten Weltreichtums besitzen und alle 6 Personen kämen aus den USA.*
80	*hätten keine ausreichenden Wohnverhältnisse*
70	*wären Analphabeten*
50	*wären unterernährt*
1	*würde sterben*
2	*würden geboren*
1	*hätte einen PC*
1	*(nur einer!) hätte einen akademischen Abschluss*

Wenn man die Welt aus dieser Sicht betrachtet, wird jedem klar, dass das Bedürfnis nach Zusammengehörigkeit, Verständnis, Akzeptanz und Bildung notwendig ist.

Wenn du heute Morgen gesund und nicht krank aufgewacht bist, bist du glücklicher als eine Million Menschen, welche die nächste Woche nicht erleben werden.

Wenn du nie einen Kampf oder Krieg erlebt hast, nie die Einsamkeit in Gefangenschaft, die Agonie des Gequälten oder Hunger gespürt hast, dann bist du glücklicher als 500 Millionen Menschen auf der Welt.

Wenn du in die Kirche gehen kannst ohne die Angst, dass dir gedroht wird, dass man dich v erhaftet oder dich umbringt, bist du glücklicher als drei Milliarden Menschen auf der Welt. Wenn sich in deinem Kühlschrank Essen befindet, du angezogen bist, ein Dach über dem Kopf hast und ein Bett zum Hinlegen, bist du reicher als 75 % der Einwohner dieser Welt. Wenn du ein Konto bei der Bank hast, etwas Geld im Portemonnaie und etwas Kleingeld in einer kleinen Schachtel, gehörst du zu den 8 % der wohlhabenden Menschen auf dieser Welt. Wenn du diesen Text liest, bist du gesegnet, du gehörst nicht zu den zwei Milliarden Menschen, die nicht lesen können. Jemand hat irgendwann einmal gesagt: Arbeitet, als würdet ihr kein Geld brauchen. Liebt, als hätte euch noch nie jemand verletzt. Tanzt, als würde keiner hinschauen. Singt, als würde keiner zuhören. Lebt, als wäre das Paradies auf der Erde. (von Alicia Banffy)

Ichwerdung

Sei dennoch unverzagt, gib dennoch unverloren.
Weich keinem Glücke nicht, steh' höher als der Neid,
vergnüge dich an dir und achte es für kein Leid,
hat sich gleich wider dich Glück, Ort und Zeit
verschworen.

Was dich betrübt und labt, halt alles für erkoren.
Nimm dein Verhängnis an, lass alles unbereut.
Tu' was getan muss sein und eh man dir's gebeut …
was du noch hoffen kannst, das wird noch stets
geboren!

Was klagt, was lobt man doch,
sein Unglück und sein Glücke, ist ihm ein jeder selbst.
Schau' alle Sachen an! Dies alles ist in dir!
Lass deinen eitlen Wahn, und eh du förder gehst,
so geh in dich zurücke.
Der selbst sein Meister ist und sich beherrschen kann,
dem ist die weite Welt und alles untertan.

Paul Flemming aus dem Jahr 1641

Was wirklich zählt von Ina Lukas

Ein alter Professor wurde gebeten, für eine Gruppe von fünfzehn Geschäftsführern großer nordamerikanischer Unternehmen eine Vorlesung über sinnvolle Zeitplanung zu halten.

Dieser Kurs war einer von fünf Stationen ihres eintägigen Lehrgangs. Der Professor hatte daher nur eine Stunde Zeit, sein Wissen zu vermitteln. Zuerst betrachtete der Professor in aller Ruhe einen nach dem anderen dieser Elitegruppe: sie waren bereit alles, was er ihnen beibringen wollte, in sich aufzunehmen. Dann sagte er: »Wir werden ein kleines Experiment durchführen.« Der Professor zog einen riesigen Glaskrug unter seinem Pult hervor und stellte ihn vorsichtig vor sich hin. Dann holte er etwa ein Dutzend Steine hervor, etwa so groß wie Tennisbälle und legte sie sorgfältig einen nach dem anderen, in den großen Krug.

Als der Krug bis an den Rand voll war und kein weiterer Stein mehr darin Platz hatte, blickte er langsam auf und fragte sein Schüler: »Ist der Krug voll?« Und alle antworteten: »Ja.«

Er wartete ein paar Sekunden ab und fragte seine Schüler: »Wirklich?« Dann holte er unter dem Tisch einen mit Kies gefüllten Becher hervor. Sorgfältig verteilte er den Kies über die großen Steine und bewegte dann leicht den Glaskrug. Der Kies verteilte sich zwischen den großen Steinen bis auf den Boden des Krugs. Der Professor blickte erneut auf und fragte sein Publikum: »Ist dieser Krug voll?«

Dieses Mal begannen seine schlauen Schüler, seine Darbietung zu verstehen. Einer von ihnen antwortete: »Wahrscheinlich nicht!« »Gut!«, antwortete der Professor.

Er holte wieder etwas unter seinem Pult hervor. Diesmal war es ein Eimer Sand. Vorsichtig kippte er den Sand in den Krug. Der Sand füllte die Räume zwischen den großen Steinen und dem Kies auf. Wieder fragte er: »Ist dieses Gefäß voll?« Dieses Mal antworteten seine schlauen Schüler ohne zu zögern im Chor: »Nein!« »Gut!«, antwortete der Professor.

Und als hätten seine wunderbaren Schüler nur darauf gewartet, nahm er die Wasserkanne, die unter seinem Pult stand, und füllte den Krug bis an den Rand. Dann blickte er auf und fragte seine Schüler: »Was können wir Wichtiges aus diesem Experiment lernen?«

Der Kühnste unter seinen Schülern – nicht dumm – dachte an das Thema der Vorlesung und antwortete: »Daraus lernen wir, dass wir, selbst wenn wir denken, dass unser Zeitplan schon bis an den Rand voll ist, immer noch einen Termin oder andere Dinge, die zu erledigen sind, einschieben können, wenn wir es wirklich wollen.«

»Nein«, antwortete der Professor, »darum geht es nicht. Was wir wirklich aus diesem Experiment lernen können ist Folgendes: Wenn man die großen Steine nicht als erstes in den Krug legt, werden sie später niemals alle hineinpassen.«

Es folgte ein Moment des Schweigens. Jedem wurde bewusst, wie sehr der Professor Recht hatte. Dann fragte er: »Was sind in Eurem Leben die großen Steine? Eure Gesundheit? Eure Familie? Eure Freunde? Die Realisierung Eurer Träume? Das zu tun, was Euch Spaß macht? Dazuzulernen? Eine Sache verteidigen? Entspannung? Sich Zeit nehmen? Oder etwas ganz anderes, was wirklich wichtig ist?

Egal, was euch das Wichtigste ist: Man muss die GROSSEN Steine in seinem Leben an die ERSTE Stelle setzen. Wenn nicht, läuft man Gefahr, das Leben nicht zu meistern!

Wenn man zuallererst auf Kleinigkeiten achtet (den Kies und den Sand), verbringt man sein Leben mit Kleinigkeiten und hat nicht mehr genug Zeit für die wichtigen Dinge in seinem Leben. Deshalb vergesst nicht, Euch selbst die Frage zu stellen: ›Was sind die großen Steine in meinem Leben?‹ Und dann legt SIE zuerst in Euren Krug des Lebens.« So verabschiedete sich der alte Professor von seinem Publikum und verließ den Saal.

Wenn die Beziehung stirbt

Für den jungen Menschen gilt es leben, für den alten Menschen sterben zu lernen. Wir haben uns eine dicke Haut im Umgang mit dem Tod zugelegt. Täglich wird im Fernsehen, in der Zeitung über viele Tote berichtet, werden Leichen gezeigt. Das ist zuviel. Wir sind nicht in der Lage, echte Anteilnahme für diese Menschen zu entwickeln. Wir sind kurz berührt. Wir müssen unsere Gefühle gegen dieses Übermaß an Todeserfahrung abschotten. Das führt oft zur Unfähigkeit, mit dem wirklichen Tod umzugehen. Der nahe Tod wird verdrängt, ignoriert oder als Katastrophe erlebt.

Mit der Frage, »An was ist er/sie denn gestorben?« wird Tod auf ein medizinisches Problem, eine Fehlfunktion reduziert. Wir ertragen es nicht, uns mit dem Tod des geliebten Menschen zu konfrontieren, bevor es so weit ist, geschweige denn mit unserem eigenen Tod. Wir haben es nicht gelernt. Es scheint sehr gefährlich. Gefährlich, weil wir unsere Identität, unser »ich« zu verlieren scheinen.

Viele Menschen erhalten und gewinnen ihre psychische Belastbarkeit durch die Bindung an verschiedene Gruppen. Das Aufgehobensein in der Gruppe, die Zugehörigkeit zur Gruppe, sind Werte die, unter Androhung des Ausschlusses, auf dem Spiel stehen.

Der drohende Ausschluss ist ein wesentlicher Grund für Wohlverhalten in der Gruppe: Wir wollen unsere Zugehörigkeit nicht gefährden. Identität, Eigendefinition, Ich-Verständnis stehen angesichts des Todes noch weit mehr auf dem Spiel. Wir fürchten, im Tod unser Ich zu verlieren bzw. das, was wir dafür halten. Sowohl der Sterbende als auch die nahen Bezugspersonen haben größte Schwierigkeiten mit dem Verlust dieses »Ich« umzugehen.

Dieser Abschnitt über Tod ist diesem Buch beigefügt, weil Veränderungen in der Partnerschaft, insbesondere Trennung von vielen als »kleiner Tod« erlebt werden. Tod erfordert Trauerarbeit. Tod will bewältigt werden, will integriert werden. Tod kann nicht verstanden werden. Nichts ist so sicher wie mein Tod, deshalb lohnt es sich, dem nachzuspüren, was für ein Verhältnis ich zu Tod habe.

Der Tod hat in unserer Gesellschaft einen schlechten Ruf! der Tod hat eine Kraft, Endgültigkeit, Bedeutung, die uns im Zusammenhang, mit »Trennung in Liebe«, zu Ernsthaftigkeit führt. Trennung braucht kein Drama. Trennung soll sehr wohl die Ernsthaftigkeit besitzen, die beiden Menschen, deren Beziehung und Verantwortung für weitere, wie etwa für ihre Kinder, gerecht wird.

Der Gedanke an den Tod, führt uns vor Augen, wie ernsthaft Trennung gelebt werden soll. Es gibt keinen Grund mit Aggressionen, Hassgefühlen die Zeit zu verplempern. Das Leben ist dazu zu kurz und Sie haben es nicht verdient, sich so weh zu tun.

Tod hat etwas Endgültiges, soweit wir es überblicken können. Das erschreckt uns. Tod wird nicht erklärt. Was stirbt denn? Unsere Wissenschaften helfen hier nicht weiter. Sie sehen nur die zählbaren, messbaren Aspekte von Leben und Tod.

Was passiert mit mir nach meinem Tod? Entweder es ist nichts nach dem Tod. Oder es ist etwas. Wenn nichts nach dem Tod ist, brauchen wir uns nicht zu sorgen. Dann ist es einfach vorbei. Dann geht unser Sein in das Nichts zurück, aus dem es kam. Über dieses Nichts brauchen wir nicht zu spekulieren.

»Der Tod kommt nie zu früh und er kommt immer gelegen. Verwirrung entsteht, wenn wir den Tod jemandem zuschreiben, einem Mörder zum Beispiel, und dem böse sind. Aufstellungen haben gezeigt, dass die Toten es ganz anders sehen. Nämlich so, dass der Tod in anderen Händen, von etwas Größerem, ist. So können die Toten ihn daher auch annehmen, ohne sich ungerecht behandelt zu fühlen und zu sagen, ich bin zu früh gestorben.« (Bert Hellinger in *Movements of the soul,* H. Hohnen, Berlin)

Die Schweizer Ärztin, Sterbebegleiterin und Forscherin Dr. Elisabeth Kübler-Ross sagt: »Viele hunderte Menschen, die ich in den letzten Stunden ihres Lebens begleitet habe, sagten fast alle: Ach hätt' ich doch mehr gewagt in meinem Leben.«

Der Tod ist ein sicherer Begleiter. Kann der Tod mein Freund sein? Wenn ich weiterlebe nach dem

Tod, was stirbt dann? Was lebt dann noch? Unklarheit in dieser Frage könnte ein Grund sein für unser Streben nach Sicherheit. Am liebsten hätten wir auch noch auf das Einfluss, was sich nach dem Tod abspielt.

Manche Glaubensgemeinschaften haben durch die Verbreitung von Aberglauben Menschen die Illusion verkauft durch Wohlverhalten oder durch Gehorsam bis in den Tod, darauf Einfluss nehmen zu können.

Leider zeigen viele schicksalsschwere Biographien, dass wir mit Wohlverhalten oder blindem Gehorsam, unsere Zukunft nicht beeinflussen können. Wir können Schicksalsschlägen nicht einfach aus dem Weg gehen.

Unser Streben nach Sicherheit ist der Versuch, die Zustände so zu erhalten, wie sie sind, und sie bestenfalls in unserem Sinn zu verändern, wie wir es für richtig halten, uns z. B. mehr Wohlstand zu verschaffen, vor Krankheit zu verschonen etc. Möglichst alles zu vermeiden, was wir als schädlich empfinden, das ist eine einseitige Sicht der Dinge. Wir sagen oft: »Hier, lieber Gott, hast du nicht aufgepasst, da hättest du die Katastrophe verhindern müssen. Gibt es dich überhaupt, wenn du das alles zulässt?«

Wir meinen, aus unserer Sicht der Dinge heraus beurteilen zu können, was sinnvoll ist. Es ist der Versuch mit einem Teilwissen, das Ganze beurteilen zu wollen. Sich anzumaßen zu wissen was richtig ist. Wer kann das?

Geprägt ist diese Haltung von dem Bild eines »lieben Gottes«, eines Gottes, den ich mir durch Opfer, Einhaltung von Geboten und Verboten, etc. gewogen machen kann. Es werden sinnvolle Gebote und Gesetze oft nicht eingehalten weil sie unserem Zusammenleben nützen, sondern aus Angst vor des »lieben Gottes« Strafe. Es könnte ja sein, dass dieser Gott erst straft, wenn wir gestorben sind.

Was für ein Gott müsste das sein, der solche Gedanken in die Hirne seiner »Kinder« setzt, der Wohlverhalten fordert und nach gut und böse trennt? Solche Vorstellungen sind Menschenwerk. Gotteswerk ist Einheit. Einheit von Gut und Böse genauso wie Einheit von Leben und Tod.

»For all my days remaining«

Sting

Der Tod ist vielleicht unser einziger Freund. Er hat uns viel zu erzählen. Jeder hat seinen eigenen Tod. Jeder Tod ist etwas anders und unverwechselbar. Tod, Sterben ist ein Weitergehen. Unser Tod ist ständig bei uns, er kann uns jederzeit begrüßen. Indem wir ihn weit weg wähnen, erschreckt er uns, wenn er plötzlich da ist.

Jeder hat Angst vor dem Tod. Weniger Angst haben die, die den Tod als ihren Freund zu sehen wissen. Die wissen, dass er immer bei ihnen ist. Weniger Angst haben die, die den Tod durch Aufmerksamkeit ehren. Dem Tod die Ehre geben, heißt nicht, ihn sich zu wünschen. Ehren meint, den Tod als den letzten Meister auf Erden anzuerkennen.

Was ist das für ein Ende? Was stirbt? Es stirbt nur der Körper. Tod, ist ein toter Körper, nichts anderes. Tod betrifft unsere physische Hülle, die wir auf Erden brauchen. Wir sind nicht unser Körper. So wie wir in unseren Häusern wohnen, aber nicht unsere Häuser sind. Wir alle spüren in Momenten des Ergriffenseins, in Momenten der Stille, dass da ein Unbeschreibliches ist.

Was sind wir? Wir sind, was denkt und fühlt, was sich freuen kann, lachen kann, was lieben kann, das was wir im anderen lieben können, ohne es haben zu wollen, und viel mehr. Natürlich hängt jedes Lebewesen am Leben, will leben. Aber wir betrachten den Tod oft als Feind, als Dieb, der uns den geliebten Menschen stiehlt. Dabei geht es nur indirekt um den verstorbenen Menschen. In erster Linie ist es der Schmerz der im Leben gebliebenen. Wir betrauern, nicht mehr so weitermachen zu können, wie bisher.

Andere Kulturen haben die Einheit von Leben und Tod noch nicht aufgehoben. Diese Kulturen haben freieren, wohltuenderen Zugang zum Sterben, zum Tod, zu Krankheit, da sie es als Teile einer Bewegung sehen:

»Tod ist Leben und Leben ist Tod. Die Toten leben, während die Lebenden sterben. Leben und Sterben, wir freuen uns.«

Malidoma Somé, *Vom Geist Afrikas*

Der unsägliche Schmerz rührt von dem verengten Blickfeld her, von der Trennung Tod/Leben. Würden wir Tod&Leben&Tod&Leben als einen Takt sehen können, wäre dieser Schmerz angemessen oder gar nicht vorhanden.

Wenn es uns gelänge, unser »Machen wollen«, zu verändern und auf etwas zu schauen, dass uns alle eint, vereint, wäre es möglich mit Verlust, Trennung, Tod, leichter umzugehen. Dies würde aber bedeuten, dass wir uns schon mitten im Leben mit dem Gegenpol von Leben beschäftigen.

Der amerikanische Arzt Carl Simonton berät Krebspatienten. In einem speziellen Training vermittelt er den Kranken die Botschaft: »Ich möchte gesund werden, aber ich kann damit umgehen, wenn ich sterben sollte.«

SZ, 19. 11. 2001 v. Sibylle Steinkohl

Was passiert mit mir wenn ich sterbe? Kann und soll ich mich vorbereiten? Der Lehrer und Mentor und Schamane Daan van Kampenhout ist einer der uns berichtet, was uns beim Sterben erwartet.

In seinem Buch *Die Heilung kommt von außerhalb*, schreibt Daan van Kampenhout: »Neben der Seele besitzt jedes Individuum vier Körper. Diese Körper haben jeweils verschiedene Eigenschaften und werden der physische, ätherische, astrale und mentale Körper genannt. der physische Körper ist der Anker für die drei anderen: Die ätherischen, astralen und mentalen Körper durchdringen die physische Struktur und dadurch auch sich gegenseitig...

Die Seele stärkt jeden dieser Körper und tauscht Informationen mit ihnen aus. Auf diese Weise beeinflussen sich sowohl die Seele als auch die vier Körper ständig gegenseitig. Die Persönlichkeit ist der Bewacher und Steuermann der Aufmerksamkeit. Auch die Persönlich-keit und die vier Körper beeinflussen sich gegenseitig. Während des Sterbeprozesses sind die Seele, die vier Körper und die Persönlichkeit auf unterschiedliche Weise betroffen.

Wenn jemand stirbt, hört zuerst der physische Körper auf zu funktionieren, womit ein Prozess des Verfallens beginnt: der Körper vergeht in kürzester Zeit. Sobald sich der ätherische, astrale und mentale Körper vom physischen Körper gelöst haben, zieht sich auch die Persönlichkeit aus ihm zurück. Nach dem physischen Tod haben der ätherische, astrale und mentale Körper und die Persönlichkeit keinen physischen Anker mehr, und so verlieren sie allmählich den Kontakt mit der physischen Welt.

Einige Tage nach dem Tod des physischen Körpers beginnt auch der ätherische Körper zu zerfallen. Der ätherische Körper ist so eng mit dem physischen Körper verbunden, dass er seine Struktur ohne den physischen Körper nicht aufrecht erhalten kann.

Meistens lösen sich dann der astrale und mentale Körper ungefähr drei Tage nach dem Tod des physischen Körpers von dem zugrunde gehenden ätherischen Körper. Wenn der astrale und mentale Körper von der ätherischen Struktur gelöst sind, können sie sich in die Geisterwelten zurückziehen, deren Beschaffenheit astral-mental ist. An diesem Punkt des Prozesses fällt auf, dass die Persönlichkeit im Grunde noch intakt ist.

Die Persönlichkeit ist das Medium, das mit jedem der vier Körper verbunden ist. Nachdem nun der physische Körper und der ätherische Körper weggefallen sind, hat die Persönlichkeit zwar eine begrenzte Struktur bekommen, aber sie funktioniert nach wie vor. Da allerdings die Impulse des astralen und mentalen Körpers nun nicht mehr durch den dichteren, langsameren physischen Körper und den ätherischen Körper gebremst und im Gleichgewicht gehalten werden, beginnt die Persönlichkeit auf ähnliche Weise auf ihre Umwelt zu reagieren, so wie die Lebenden es aus ihren nächtlichen Träumen kennen.

In den Träumen sind die Verbindungen zwischen dem astralen und dem mentalen Körper zeitweise geschwächt. Das hat zur Folge, dass nur ein geringes Maß an kritischem Bewusstsein vorhanden ist und Assoziationen und emotionale Impulse die Persönlichkeit regieren. Nach dem physischen Tod kann ein Verstorbener sich sehr leicht in diesen traumähnlichen Zustand verirren, gefangen in den Impulsen und heftigen Reaktionen seines astralen Körpers auf alles, was ihm begegnet.

Wenn die Person zu Lebzeiten gelernt hat, ihre Gefühle zu kontrollieren, anstatt von ihnen beherrscht zu werden, kann sie jetzt sehr stark davon profitieren. Als beste Vorbereitung für den Tod wird gesehen die Gefühle beherrschen zu lernen, ohne sie zu unterdrücken.« (Daan van Kampenhout: *Die Heilung kommt von außerhalb.* Heidelberg, Carl-Auer-Systeme Verlag, 2001)

Die Veränderung meines Standpunktes kann dazu führen, Leben und Tod anders sehen zu lernen. Die immer gleichen Fragen, das Woher, Wohin, aus Nichts, ins Nichts, das ist uns zu wenig, dafür würde sich ja die ganze Plackerei nicht lohnen.

Da muss doch mehr sein. Ein Sinn für das Ganze, ein Zweck. So sagen manche: wir sind lebenslang in der Schule des Lebens. Sind das alles Konstrukte unseres Verstandes, der begreifen will, verstehen will, Sinn finden will. Wenn er keinen Sinn findet, dann schafft er Sinn.

Ich habe das Bild von einer Art »Auswirklichkeit«, in der wir leben. Als »Auswirklichkeit« bezeichne ich, dass da eine Wirklichkeit, jenseits der für uns sicht- und erfahrbaren ist, die sich auf uns alle auswirkt. Diese Wirklichkeit ist das Gegenstück zu unserer Welt hier. Wir leben in den Auswirkungen dieser Welt.

Die Kunst erreicht diese »Auswirklichkeit«. Wenn das Wort »schön« nicht mehr ausreicht, wenn wir innerlich ergriffen sind: von der Skulptur, dem Musikstück, dem Bild. In der Natur sehen wir in diese »Auswirklichkeit« hinein. Im Wald können wir das Schweigen hinter dem Schweigen hören. Rituale verbinden uns mit der »Auswirklichkeit« und lassen für kurze Zeit einen Einblick zu. Die Erotik lässt Erfahrungen über diese Wirklichkeit in uns entstehen. Unsere Wirklichkeit und die »Auswirklichkeit« sind beide Teile eines Ganzen. Es ist das Ganze, was wir wahrnehmen könnten. Die Wirklichkeit, aus der wir kommen und in die wir wieder zurückgehen. Und die »Auswirklichkeit«, in der wir uns im Moment aufhalten.

Wir sehen immer nur einen Teil dieser Erde. Wir wissen, dass gleichzeitig die ganze Erde vorhanden ist, aber wir können immer nur Ausschnitte, nacheinander wahrnehmen. Wir haben diese Einheit vergessen. Weil wir das Ende des Lebens nicht als Neubeginn von etwas anderem betrachten, empfinden wir es als endgültigen Verlust.

»Im Konfliktfall neigen beide Partner dazu, die Schuld im anderen zu sehen. Beide sind überzeugt, das Ihre zur Lösung des Konflikts zu tun, und wenn das Problem dennoch fortbesteht, dann muss es die Schuld des anderen sein, denn wo sonst könnte sie denn liegen? Ein Drittes scheint es bei zwei Personen ja nicht zu geben. Dennoch gibt es das, denn jede Beziehung (gleichgültig ob zwischen Atomen, Zellen, Organen, Menschen, Nationen usw.) ist eben mehr und anders geartet als die Summe der Bestandteile, die die Beziehungspartner in sie einbringen.« (Paul Watzlawick, *Vom Schlechten des Guten)*

Vorsicht vor fertigen, geschlossenen Weltbildern. Vor Weltbildern, die behaupten, dass alles so richtig ist, wie sie es beschreiben. Die für alles eine Erklärung haben. Früher genauso wie heute sind geschlossene Weltbilder Zeichen von Machtideologien. Auch heute sind sie Zufluchtsorte für die Verängstigten und Harten.

Was »Paare im Wandel« kann und was nicht.

Diese Bücherreihe erhebt natürlich nicht den Anspruch auf vollständige Darlegung der Schwierigkeiten und aller Lösungsmöglichkeiten in Partnerschaften. Sie ist in den angesprochenen Themen möglichst breit gefächert, um nicht schnelle, voreilige Antworten, die zum Nichthandeln verführen können, anzubieten. Es ist ein guter Beginn, um Partnerschaft neu zu begründen oder mit Trennung anders als bisher umzugehen.

Diese Schriftenreihe soll ein Wegweiser sein wie Paare mit Wandel mit Veränderungen in Ihren Beziehungen umgehen können. Es soll praktische Schritte zeigen, die in Richtung »gute Lösung für alle« gegangen werden können. Aber wie alle Wegweiser bleibt es am Rand des Weges stehen. Weitergehen im Sinne von Handeln kann jeder selbst.

Dieses Buch kann Ihnen nichts abnehmen. Es kann nichts für Sie tun, als Ihnen zu zeigen, dass es Ihr Kosmos ist, in dem Sie leben und agieren. Es gibt den richtigen Zeitpunkt für »Trennung oder Partnerschaft in Liebe«. Nur Sie und Ihr Partner spüren, wann es Zeit ist für Veränderungen. Das Schwierige ist, dass man es immer erst hinterher weiß, ob eine Beziehung zu Ende geht. Niemand kann Ihnen diesen Zeitpunkt vorher sagen.

Aber wenn eine Beziehung in Frieden kommt,

spielt die Abhängigkeit voneinander immer weniger
eine Rolle. Dann tritt die einzelne Persönlichkeit in
den Vordergrund, ein Ziel und ein Zeichen von guten
Beziehungen. Dann gibt es die Möglichkeit, dass sich
beide Ex-Partner, vielleicht durch Kinder verbunden,
an einer mitmenschlichen Liebe orientieren, die das
ehrt, was sie zusammen hatten.

Hinweis und Haftungsausschluss

»Paare im Wandel« bietet viele Lösungsmöglichkeiten, die als hilfreich erfahren wurden. Es soll an dieser Stelle darauf hingewiesen werden, dass dieses Buch der Information über hilfreiche Wege bei Veränderungen in der Partnerschaft dient. Wer die beschriebenen Methoden anwendet, tut dies in eigener Verantwortung.

Der Autor beabsichtigt nicht, Diagnosen zu stellen oder Therapieempfehlungen zu geben. Die angeführten und beschriebenen Verfahren sind nicht als Ersatz für professionelle medizinische sowie therapeutische Behandlung zu verstehen.

Der Autor erteilt keine medizinischen, therapeutischen Ratschläge. Die Interessierten werden weder direkt noch indirekt aufgefordert, noch wird ihnen empfohlen, gegen den Ratschlag der derzeit gültigen medizinischen, therapeutischen Erkenntnis bzw. dem Ratschlag des behandelnden Arztes oder Therapeuten zu handeln. Dieses Buch soll nicht die individuelle Beratung eines Therapeuten oder Beraters ersetzen.

Dieses Buch kann der eigenen Reflexion dienen und einen Beitrag dazu leisten Veränderungen in der Partnerschaft aktiv zu erleben. Dabei handelt jeder Einzelne auf eigene Gefahr, eigenes Risiko und eigene Verantwortung.

Der besseren Übersichtlichkeit wegen wurde auf die Schreibweise Partner/in verzichtet. Selbstverständlich sind immer beide Geschlechter, mit Partner, gemeint.

family/lab.de® – die familienwerkstatt

www.familylab.de
www.familylab.at
www.familylab.ch

familylab.de – die familienwerkstatt ist eine unabhängige Organisation, und die Adresse für Eltern, Lehrer, Mitarbeiter in Unternehmen, die eine solide Basis im Umgang miteinander finden wollen. Für Menschen, die gerne ihre eigenen Werte, im Dialog mit den Erfahrungen von Jesper Juul und familylab bezüglich Familienleben und Kindererziehung, entwickeln wollen.

In der *familienwerkstatt* sind wir Spezialisten darin, Vorträge und Seminare zu gestalten, in denen Eltern und professionelle Fachleute Anregungen und Ideen zu ihrer Arbeit finden können. Und um die bestmögliche Chemie innerhalb der Familie, zwischen Kindern und Erwachsenen, wie auch in Beziehungen innerhalb von Schulen und Betrieben, zu schaffen.

Zum einen haben wir den Wunsch, durch Vorträge, Seminare, Workshops, Symposien, Bücher, Artikel und Filme für Eltern und für Fachleute, die psychosoziale Gesundheit und das Wohlergehen der heutigen und zukünftigen Eltern und Kinder zu verbessern. Damit wollen wir die vielen unterschiedlichen Familien darin unterstützen, gesunde Beziehungen zu schaffen, ohne Gewalt und Missbrauch bei Kindern, Jugendlichen und Erwachsenen.

Zum anderen wollen wir durch öffentliche Bildung, Dialoge, Formulierung von Werten und dem Verbreiten von relevanten, wissenschaftlichen Erkenntnisse die Art und Weise beeinflussen, wie Männer und Frauen über ihre Familien denken und sie aufbauen. Ebenso wollen wir die Werte und das Verhalten in Kinderkrippen, Kindergärten und Schulen so beeinflussen, dass eine optimale Umgebung für ein gemeinsames, soziales, emotionales, kreatives und akademisches Lernen entsteht.

Unsere Vision sind Familien, Institutionen und Gesellschaften mit viel weniger Gewalt, Missbrauch, Sucht und Vernachlässigung. Wir wollen allen guten Willen, Liebe und Hingabe mobilisieren, innerhalb von Familien, Organisationen, wie auch in der Gesellschaft als Ganzem.

»Das Schlüsselwort heißt Beziehung. Ihre Qualität entscheidet über unser Wohlbefinden und unsere Entwicklung als Mensch. Kinder werden mit allen wesentlichen menschlichen Qualitäten geboren und haben daher auch dieselbe Verletzlichkeit und Überlebensfähigkeit wie Erwachsene. Eltern zu sein bedeutet, eine Rolle im Leben einzunehmen, die uns vor große Herausforderungen stellt. – Das sogenannte Problem oder Symptom ist nicht so wichtig. Wichtig ist die Person, die das Symptom trägt. Wir können das Problem nicht lösen, aber wir können Menschen darin unterstützen, destruktive Systeme, Perspektiven und Verhalten ins Konstruktive zu wandeln.« Jesper Juul